"十四五"职业教育国家规划教材  高等职业教育新形

SHOUGONG

手工

第三版

主　编　马松翠

中国教育出版传媒集团

高等教育出版社·北京

内容提要

本书是"十四五"职业教育国家规划教材、高等职业教育新形态一体化教材。

本书突出专业特色,注重基础教学与实际应用相结合。编写体例力求新颖实用,结构清晰,既便于教师指导,又利于学生自学。

全书分为构成基础、纸材料制作、布艺、泥工、环保材料创意制作、玩教具制作、幼儿园室内环境装饰设计七个模块。本书首次把构成基础作为独立的模块在教材中呈现,这是一次大胆的尝试,也是课程改革的一项重要内容。

本书可作为高等职业教育专科、本科,应用型本科学前教育、早期教育、美术教育、婴幼儿托育服务与管理专业教材,也可供学前教育工作者参考。

与本书配套的数字课程已在"智慧职教"(www.icve.com.cn)网站上线,学习者可登录网站进行学习;也可扫描书中二维码观看部分教学视频。

图书在版编目(CIP)数据

手工 / 马松翠主编. -- 3 版. -- 北京 : 高等教育
出版社, 2024.6
ISBN 978-7-04-059843-8

Ⅰ. ①手… Ⅱ. ①马… Ⅲ. ①学前教育-手工课-高
等职业教育-教材 Ⅳ. ①G613.6

中国国家版本馆CIP数据核字(2023)第017176号

策划编辑	赵清梅	责任编辑 赵清梅	封面设计 姜 磊	版式设计 李彩丽
责任绘图	杨伟露	责任校对 张慧玉 刁丽丽	责任印制 刁 毅	

出版发行　高等教育出版社
社　　址　北京市西城区德外大街4号
邮政编码　100120
印　　刷　北京市大天乐投资管理有限公司
开　　本　850 mm×1168 mm　1/16
印　　张　15.5
字　　数　320千字
购书热线　010-58581118
咨询电话　400-810-0598

网　　址　http://www.hep.edu.cn
　　　　　http://www.hep.com.cn
网上订购　http://www.hepmall.com.cn
　　　　　http://www.hepmall.com
　　　　　http://www.hepmall.cn
版　　次　2015年3月第1版
　　　　　2024年6月第3版
印　　次　2024年6月第1次印刷
定　　价　59.00元

《学前教育专业师范生教师职业能力标准（试行）》指出，学前教育专业师范生应"能够创设安全、适宜、全面，有助于促进幼儿成长、学习、游戏的物质环境，合理利用资源，为幼儿提供和制作适合的玩教具和学习材料"，应"根据幼儿的发展和需要创设相应的活动区，提供丰富、适宜的游戏材料，引发和促进幼儿的游戏"。"手工"课程对于培养学生的上述能力具有重要的价值。

教材第一版于2015年出版，为"十二五"职业教育国家规划教材，第二版于2019年出版，为"十四五"职业教育国家规划教材。使用院校普遍认为本教材具有科学性、前瞻性、实用性和可操作性，适合高职院校学前教育、早期教育等相关专业的教学。但是随着时代的发展，手工材料日益丰富、手工技法层出不穷，对手工教学提出了更高的要求。本次教材修订以习近平新时代中国特色社会主义思想和党的二十大精神为指引，在充分解读政策的基础上，结合最新教改、课改情况进行，在融入课程思政元素、弘扬传统文化方面做了进一步的探索，如挖掘地方手工艺等。教材在内容的选取、板块的设计、视野的拓展上也做了相应的调整，使之更加贴近国家对学前教育发展的新要求、更加适应学前教育专业的特点。适应职业院校"学历证书＋若干职业技能等级证书"制度试点工作的要求，教材修订立足学前教育的需求，在内容的选择上坚持基础性与应用性相结合、传统性与创新性相结合、实用性与趣味性相结合的原则，以实用性和操作性较强的内容为主，并努力贴近幼儿园的工作实际，力求做到专业与职业岗位的对接。

修订后的教材更加重视基础性教育、幼儿的实际动手操作能力及创造性思维的培养，内容的设置和讲解尽量贴近生活、简单易懂、可操作性强，尽量使用日常生活中易得的材料，注重环保和可再生资源的使用；保护幼儿的好奇心和学习兴趣，鼓励幼儿通过亲近自然、直接感知、实际操作、亲身体验等方式学习探索，促进幼儿快乐健康成长；重视利用当地自然和文化资源，内容上尽量选取有利于激发幼儿学习、探索的安全、丰富、适宜的制作工具和材料；重视简单材料的深度开发和应用，加强了地方特色和传统文化教育的比重。

手工制作源于艺术设计，手工制作水平的提高，也是审美能力和艺术素养的提高，二者相辅相成。本次教材修订加强了艺术设计基础知识的力度，如结合学生色彩知识薄弱的现象，在模块一构成中增加了色彩知识板块，重点讲解了如何从自然中撷取色彩，引导学生用发现的眼光去观察真实的世界，在实践中获取，在创作中提炼，达到形、色、意的和谐统一。

针对国家提出的职业教育要引导行业企业深度参与、深化产教融合、校企合作，育训结合的要求，本次修订与青岛实验幼儿园进行了深入合作。青岛实验幼儿园开放的教育理念对本教材具有重要的指导意义。

　　本教材主编是青岛职业技术学院马松翠，参与编写的有青岛职业技术学院高杨、青岛奇峰幼儿园侯琛、淄博师范高等专科学校赵红云。模块一由马松翠撰写，模块二项目一由马松翠、高杨撰写，项目二至项目七由马松翠撰写，模块三由马松翠撰写，模块四由马松翠、赵红云撰写，模块五由马松翠撰写，模块六由马松翠、高杨撰写，模块七由侯琛撰写。本教材中的图2-1-1至图2-1-10、图2-8-42至图2-8-45、图3-5-1至图3-5-54由西北工业大学顾桓吉完成。青岛职业技术学院李莉在教材突出专业特色方面予以指导。本教材图片处理由顾桓吉完成。全书由马松翠统稿、定稿。本教材配套资源由主编马松翠和她的学生们制作完成。

　　本教材的修订得到了主编教师所在单位领导的大力支持，还得到了青岛实验幼儿园、青岛奇峰幼儿园、利津县第二实验幼儿园、山东省级非物质文化遗产淄博泥人杨春秋陶坊、淄博师范高等专科学校赵红云工作室的帮助和配合。青岛实验幼儿园开放的教育理念、利津县第二实验幼儿园乡土玩教具开发理念对本教材的修订有重要的借鉴意义。在此，对青岛职业技术学院教育学院郑洪利院长、乔璐副院长、青岛职业技术学院艺术学院刘卫国院长、青岛职业技术学院教育学院学前教育系鞠晓辉主任、青岛职业技术学院教育学院周琦博士、利津县第二实验幼儿园赵兰会园长、青岛实验幼儿园宁征园长表示衷心的感谢！

　　本教材的修订也得到主编所在单位同事和学生的大力支持，教材中部分图片由学生提供。在此，谨向青岛职业技术学院学前教育专业2011至2020级的所有同学表示衷心的感谢！

　　本教材中个别图例选自网站或相关出版社，在此表示诚挚的谢意！

　　由于时间紧迫，加之编者水平有限，书中难免有疏漏和不周之处，恳请广大读者斧正，也希望同行能提出宝贵意见，我们会予以改进。

马松翠

2023年10月

现阶段国家非常重视教育的发展，重视职业教育成果的转化，为此投入了大量的财力和物力，为高职院校的专业建设和发展带来了巨大的发展动力。手工教学是美术教育和学前教育专业教育教学的重要内容，其目的是培养具有先进的教育理念、扎实的理论知识和过硬的教学技能的新一代教育人才。使他们不仅能够完全胜任岗位要求，而且具有可持续发展的个人能力。对于未来的教师也就是我们的高职学生来讲，手工教学具有重要的意义。

基于此，高等教育出版社分别在武汉和北京召开了专门的教材选题与审纲会议，对教材编写的定位和内容进行了深入的探讨和研究。

本教材立足美术教育和学前教育的需求，在内容的选择上坚持基础性与应用性相结合、传统性与创新性相结合、实用性与趣味性相结合的原则，以实用性和操作性较强的内容为主，并努力贴近岗位工作实际，力求做到专业与职业岗位的对接。

本教材主要包括构成基础、纸材料制作、布艺、泥工、环保材料创意制作、玩教具制作、幼儿园室内环境装饰设计七个部分。本教材首次把构成基础作为独立的章节在教材中呈现，希望学生通过对这一模块的学习，学会理性地理解空间与造型的关系，在手工制作中用构成的法则解决问题，开拓创新。这是一次大胆的尝试，也是课程改革的一项重要内容。

参加本教材提纲讨论和编写的学校有青岛职业技术学院、雅安职业技术学院、南京特殊教育职业技术学院、安阳幼儿师范高等专科学校、湖南民族职业学院。

本教材主编是马松翠，副主编是胡晓伶。第一章由马松翠撰写，其中图1-2-5由雅安职业技术学院陆晓路老师提供。第二章第一节、第二节由吕艺征撰写，第三节由彭磊撰写，第四节、第六节、第七节由马松翠撰写，第五节由彭磊、马松翠撰写。第三章第一节、第四节由胡晓伶撰写，第二节、第三节、第五节由马松翠撰写。第四章第一节由曹静撰写，第二节、第三节由马松翠撰写。第五章由马松翠撰写。第六章由马松翠、郭华撰写。第七章由侯琛、马松翠撰写。全书由马松翠统稿、定稿。本教材配套资源由主编马松翠老师和她的学生们制作完成。

本教材的编写得到了主编教师所在单位领导的大力支持，还得到了青岛实验幼儿园的帮助和配合。青岛实验幼儿园开放的教育理念对本教材的编写有重要的借鉴意义。在此，对青岛职业技术学院郑洪利院长、李莉主任和青岛实验幼儿园宁征园长表示衷心的感谢！

本教材的编写也得到主编教师所在单位同事和学生的大力支持，教材中绝大多数图片由学生提供，在此，对青岛职业技术学院学前教育专业2011级、2012级的所有同学表示衷心的感谢！对青岛职业技术学院王晓晗、高琳、于欣欣、战莎莎、赵杰、高爽、安丹丹、刘硕、刘晓、徐晶雪、王琳等同学深表感谢！

本教材中个别图例选自网站或相关出版社，在此表示诚挚的谢意！

由于时间紧迫，有些细节来不及细细推敲，加之编者水平有限，书中难免有疏漏和不周到之处，恳请广大读者斧正，也希望同行能提出宝贵意见，我们会予以改进。

编者

2014年4月

二维码资源目录

模块一

构 成 基 础

学习目标

1. 掌握点、线、面的构成原理和构成规律。

2. 掌握"体"的构成形式和构成法则。

3. 能够理性地思维，提高观察能力、发现能力、联想能力、记忆能力和分析能力，掌握和运用正确的思维方式，促进手工的学习。

立体构成作为艺术教育的基础课起源于德国包豪斯设计学院。包豪斯设计学院于1919年成立于德国，它开创了由平面的研究、立体的研究、色彩的研究、材料的研究组成的"基础课"体系，通过对构成设计理性的视觉培训，训练学生的动手和动脑能力，启发学生的潜在才能和想象力，并开发学生的创造能力。

手工制作从本质上讲也是一种"设计"，不管是新材料的开发与应用，还是纸艺、布艺、废旧材料、环境布置的设计和制作，无不浸透着设计思维和设计方法。掌握立体构成的规律，学生在手工制作中会更加得心应手，对废旧材料会有更理性的把握和利用，对幼儿活动空间和区角的设计会更趋于科学性和艺术性。

在学前教育手工教学设计中，教学的目的是用理性的视觉思维指导感性的艺术创作。教学要注重对材料、肌理和形态的研究，对不同形体的造型原理和造型方法的研究，对玩教具制作和环境创设的构成与应用研究。本模块重点讲解手工教学中的半立体构成和立体构成的基础知识，并着重于实用性和可操作性的知识点讲解。

项 目 一 认 识 立 体

一、从自然中观察立体

感知立体首先要学会观察立体形态。大千世界千姿百态，既有美轮美奂的植物，也有习性各异的动物，还有壮阔美丽的山川江河。其中，很多是可以触摸到的、真实存在的立体形态。

学习构成首先要从身边的事物入手，通过观察事物、分析事物，形成对形态构成的基本认识。

（一）从植物观察形态

在手工制作中，植物是我们经常塑造的对象，如水果、蔬菜、树木、花草等，作品的塑造不但要像，还要有趣。怎样才能有趣？就需要我们对事物的形体结构和细节构成有较细致的观察，找出它与众不同的地方，把特征和细节加以放大和强化，也可以在完整结构的基础上予以加量、减量，让它发生趣味性的变化，从而增强作品的艺术性。

如成熟的蓝莓呈紫色，果实大而饱满，果形扁圆，顶部有凹陷。在手工制作中，我们就可以放大和强化这些特征。如果要做得更有趣一些，就要产生联想：蓝莓的"幼儿期"是什么样的？一定要是紫色吗？这些有趣的想法会帮助你产生有趣的制作（图1-1-1至图1-1-4）。

（二）从动物观察形态

地球上已知的动物有150多万种，常见的有昆虫、爬行动物、鸟、哺乳动物等，每一种动物都有自身的生理结构特征。在艺术创作中，要抓取动物的显著特征加以表现，以区别于其他动物。如孔雀的造型，就要突出表现其扇形的尾部羽毛，使之与纤细的头颈形成对比（图1-1-5、图1-1-6）。

图1-1-1 蓝莓

图1-1-2 泥塑蓝莓

图1-1-3 栗子

图1-1-4 不织布栗子

图1-1-5 孔雀开屏

图1-1-6 折纸孔雀

（三）多视角观察形态

在进行立体创作时，要打破习惯上的认知规律，学会多角度、多方面地对物体进行剖析，找出其内在的形象特征（图1-1-7至图1-1-10）。

二、构想立体形态

形态是立体构成中主要研究和表达的对象。构想立体形态的方法包括由平面到立体、由抽象到具象、由具象到抽象、由自然形态到仿生形态等。构想立体形态能让我们理解形态、发现形态的美，同时掌握提炼形态、组织形态的方法。

（一）由平面图像构想立体形态（图1-1-11至图1-1-14）

由平面图像构想立体形态，是二维空间向三维空间的转化，是由平面造型联想多面体空间造型的方法，可以运用图片、绘画作品、设计图稿等作为联想对象。

图1-1-7 苹果

图1-1-8 不织布苹果

图1-1-9 橙子

图1-1-10 悉尼歌剧院

图1-1-11、图1-1-12 摄影作品中的形态，是由二维空间还原为三维空间的效果。还原过程中，抓取建筑物的主要结构特征

图1-1-13、图1-1-14 绘画是二维空间的艺术，由人物的动态特征产生联想，表现三维空间中人物的动态

图1-1-15、图1-1-16 由平面构成解析重构造型法，运用纸的切割、折曲方法，制造半立体构成的空间关系

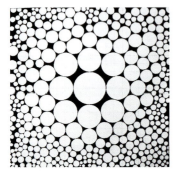

图1-1-17 由平面构成中点的发射、大小、聚散关系联想立体造型

图1-1-18 运用不同口径的管子，堆积成一组花墙，起到隔断的作用

图1-1-19 以四合院为代表的北方民居，在总体布局、院落组织、空间调度、房屋造型、屋顶样式等方面，都有整套严密的定型程式，表现出高度成熟的建筑范式

图1-1-20 根据北方民居的特点，在设计中抓取建筑物的典型特征，如整体的对称式布局、屋顶的"人"字坡形造型、院落的封闭性设计等元素进行构想

（二）由平面构成构想立体形态（图1-1-15至图1-1-18）

平面构成的构图法则有对称、重复、近似、渐变、特异、密集、发射、比例、分割等。在立体构成中灵活运用这些法则，可以更好地表现均衡与稳定、对比与调和、比例与尺度、节奏与韵律等形式美法则。

（三）由人工形态构想立体形态（图1-1-19、图1-1-20）

人工形态是指人类有意识地运用工具和材料创造加工出来的物体形态。人工形态属于人造形态，人造形态既可以来源于对自然形态的模仿和学习，也可以来源于人们的提炼、组合与创造。

（四）由仿生形态构想立体形态（图1-1-21至图1-1-26）

仿生形态是对自然界具象物体的模仿，通过对自然界具象物体结构的研究与分解，总结出造型的规律和形态结构的特点，加以提炼与组合，应用到设计中去。

图1-1-21、图1-1-22　由蜂巢的六边形结构构想实用性装饰墙

图1-1-23、图1-1-24　由鸟巢的结构构想建筑

图1-1-25、图1-1-26　由风蚀地貌的层叠结构构想建筑群

项目二　认　识　构　成

构成是将造型要素按某种规律和法则组织建构理想形态的造型行为。构成教学的目的是培养设计能力，重在造型能力和创造力的提高。

一、构成的形态与空间

（一）形态

形态要素的构成形式包括形状构成、色彩构成、材质构成。形象之所以能被人感知，是因为其具有特定的形状、色彩和材质，这些视觉元素构建了丰富多彩的大千世界。三维空间中的立体形态与平面空间中的二维形态主要区别在于，二维形态只有长和宽的概念，三维形态具有长、宽、高的概念。与二维形态相同的是，三维空间中的几何形态一般指可测量、有几何规律的形态，如球体、圆锥体、方体等；有机形态包括自然生态中的动植物、偶然形等。

1. 形状构成

形状主要反映形象各部分的外轮廓特征，具有二维平面的性质。在手工制作中，剪纸、拼贴画、墙面布置、玩教具制作等，都需要创造平面形象。要把握立体形态，必须从不同的角度、距离来观察，并将不同形状统合在一起，以得出一个完整的形象（图1-2-1、图1-2-2）。

2. 色彩构成

色彩是人对不同色光的视觉感受，任何可视形象都有色彩，形与色有各自独立的品格，又互为依存。每一件符合大众审美的艺术作品中色彩的运用看似偶然，实则色彩构成的客观规律都发挥着重要作用。色彩是不同波长的可见光引起的人眼不同的颜色感觉。各种物体因吸收和反射光的电磁波不同，而呈现出赤、橙、黄、绿、青、蓝、紫等色彩。

（1）光源色

由各种光源发出的光，由于光波的长短、光照强弱及各种光波比例的不同形成了不同的色光，称为光源色。光对任何物体的色彩均有影响，如日出时分，大地会被一片清冷的粉紫色笼罩，餐厅的暖色光会让食物的颜色变暖，让人食欲大增（图1-2-3、图1-2-4）。

图1-2-1　棒棒糖

图1-2-2　蜜蜂

图1-2-3　日出时分

图1-2-4　餐厅的暖色光

（2）固有色

由于每一物体对各种波长的光都具有选择性地吸收、反射、投射的特殊属性，所以在相同的条件下具有相对不变的色彩差别，称为固有色。如西红柿、南瓜、树叶等，在人们的眼中拥有本身固有的颜色（图1-2-5、图1-2-6）。

图1-2-5　南瓜

（3）环境色

由于光的照射，物体周围环境的色彩作用到物体上引起物体色彩的变化，这些周围环境色彩被称为环境色。环境色主要反映在物体的暗面，反映程度与物体色彩的鲜艳度有关系。物体色彩越鲜艳、光照越强，反映环境的力度越大（图1-2-7、图1-2-8）。

3. 材质构成

在三维立体造型中，对材质的研究和使用非常重要。材料的种类很多，各种材料的材质、性能、形状会在人的视觉心理上产生不同的感受。材料包含木材、金属、纸张、塑料、织物、石材、混凝土，以及玻璃、陶瓷、皮革、竹子、树脂等。不同材料的肌理、色彩、性能、加工方式等赋予作品不同的情感和生命力，一件作品往往会用好几种不同材质和肌理的材料制作而成，产生和谐对比的效果。依据作品的构思进行个性化的设计，让材料变成富有灵性的作品，可使废旧材料充分发挥其价值（图1-2-9、图1-2-10）。

图1-2-6　河流

图1-2-7

图1-2-8　　　　　　　　　　　图1-2-9　用废旧纸张制作的装饰品　　　　　　图1-2-10

（二）空间

空间可分为物理空间和心理空间。物理空间是指物质形态所限定的空间，或称实空间；心理空间是指物理空间之外的空间，即无限定、发散的空间，或称虚空间。

二、立体构成的造型要素

在造型过程中，主要通过点、线、面、体的排列组合使形态要素转化为造型要素的形、色、质。点、线、面、体是立体构成的基本造型要素，它们可以构成任何形态，同时任何形态都可抽象还原成点、线、面、体。

（一）点

点是立体构成中相对较小而集中的立体形态。在几何学中，点只表示具体的位置而无形态，但在造型领域，点具有大小、形状、位置、材质、色彩等特征。自然界中的点是无限多样的，既有圆形、方形、梯形等规则形，也有不规则的自由形。在立体构成中，点的大小、位置、排列和组合，会产生韵律与节奏、强弱和虚实、活泼与跳跃的视觉效果，给人以不同的空间感和力度感。

1. 点的重复

点的重复是将一个点的单位，在平面上做重复构成的一种形式，能够产生连续的效果（图1-2-11、图1-2-12）。

构成基础：立体构成形态的造型方法与技法

图1-2-11、图1-2-12　装饰墙，利用相同的形状、相同的材质，用以点成面的手法设计

2. 点的聚集

点的聚集产生面，点的大小和疏密会产生凹凸感、层次感、立体感、空间感、节奏感、韵律感等（图1-2-13、图1-2-14）。

3. 点的形状与大小

在立体空间中，通过点的疏密排列，会产生节奏与韵律的变化（图1-2-15、图1-2-16）。

4. 点的面化

在平面构成中，点不仅具有位置，还有大小和形状的属性。当点变大到一定程度时，会向面转化。点的聚集可以形成面，面的形状可以是规则形或不规则形（图1-2-17、图1-2-18）。

5. 点的线化

点的移动产生线，点和点之间的接触和连续会产生线的感觉（图1-2-19、图1-2-20）。

图1-2-13

图1-2-14

图1-2-15　利用木板自然的纹理表示沙漠，用米粒粘贴出流动的沙丘，结合骆驼的疏密排列，形成动感的画面效果，富有韵律感

图1-2-16

图1-2-17

图1-2-18

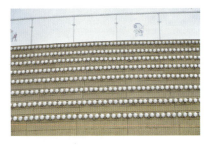

图1-2-19　广场看台侧面的灯泡连缀成线状

图1-2-20　由各种粮食的线形排列组成的城堡装饰画

（二）线的立体构成

立体构成中的线是相对细长的形态，分为直线和曲线。直线包括垂直线、斜线、平行线等，曲线包括弧线、螺旋线、抛物线和自由曲线。线按材质分可以分为硬线和软线，具有长度、方向和空间体积，能起到装饰、分割区域、框架遮拦等作用。

软线包括毛线绳、麻线绳、尼龙线绳等，可以不借助工具、自由弯曲（图1-2-21、图1-2-22）。

硬线包括金属材料、木材、塑料、玻璃等，材质较硬、不易弯曲，要借助工具进行加工的材料。

图1-2-21

图1-2-22

1. 累积结构

累积结构是指将单位线材重叠、堆积起来形成立体形态的构成方法。累积是最基本的构成方式（图1-2-23、图1-2-24）。

2. 线层结构

线层结构是将硬线沿一定方向，按层次有序排列而成的具有不同节奏和韵律的空间立体形态（图1-2-25、图1-2-26）。

图1-2-23　　　　图1-2-24

图1-2-25　　　　图1-2-26

3. 框架结构

框架结构是指以同样材质的单位通过焊接、捆扎、粘贴、卯榫等方式结合成基本形，再以此为基础进行空间组合的造型结构（图1-2-27、图1-2-28）。

4. 网状结构

网状结构是指单位线材按照一定的组合方法形成的网格状造型（图1-2-29至图1-2-32）。

（三）面的立体构成

立体构成中的面是点的扩大，具有长度、宽度和厚度。二维空间的长度和宽度要远远大于厚度，常常给我们面的感觉，如书本、桌面、门、地砖等。面又分为平面和曲面，平面又分为几何形面和自由形面。面的造型主要有层面构造、折叠构造、插接构造。

1. 层面构造

层面构造是用厚纸板或其他面状材料，按比例、有次序、有条理地排列组合成一个形态，基本形可以是直面，也可以是弯曲的面。将简单的基本形做重复、发射、特异、渐变的层面排列，可以使设计取得意想不到的效果（图1-2-33至图1-2-36）。

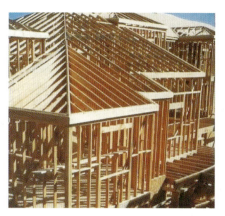

图1-2-27　　　　　　　　　　　图1-2-28

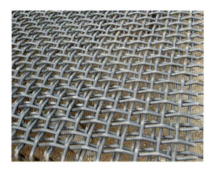

图1-2-29　　　　　　　　　　　图1-2-30

图1-2-31　　　　　　　　　　　图1-2-32

图1-2-33　　　　　　　　　　　图1-2-34

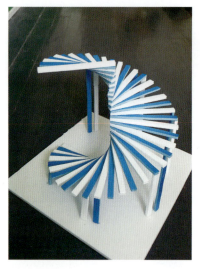

图1-2-35

图1-2-36

图1-2-37

图1-2-38

图1-2-39

图1-2-40

2. 折叠构造

折叠构造是平面造型向立体造型的过渡，是运用有韧性、可弯曲的材料，用压折、折曲、堆叠的方法塑造空间的造型方式。折叠可以使造型成为坚固的结构，如手持绘图纸的一端，另一端会弯垂下去，而如果在绘图纸的纵向中心线上折一道折线，绘图纸便可以保持稳定，支持其稳定性的结构就是折叠。折叠造型的方法很多，有一折法、二折法、三折法、多折法。

3. 折板构造

折板构造并不追求立体构造的具象化，通常以抽象的几何形存在，属于半立体造型（图1-2-37、图1-2-38）。

4. 切割翻转构造

切割翻转构造是运用纸进行造型的常用方法之一。切割和折叠之后，局部形态与主体形态之间部分连接或部分分离，形成若即若离的新形态，这些形态利用折痕形成"翻转"，与原形态形成一定的构成关系（图1-2-39、图1-2-40）。

5. 插接构造

插接构造是指以数个特定形态的单元面型为基本型，按照一定的组合方法插接组合而成的新形态（图1-2-41至图1-2-44）。

（四）块的主体构成

块，是立体构成中最基本的形式，由具有长、宽、高三维空间的实体组成。在手工制作中，块材的切割与集聚是重要的制作手法，比如，在废旧材料制作中，就可以运用块材组合的原理，利用不同大小、材质、形状的箱子和容器，做出幼儿喜闻乐见的玩教具。形状与形状的相加可以产生另一种新的形态，组合方法有分离法、接触法、覆盖法、联合法（图1-2-45至图1-2-51）。

图1-2-41　　　　　　　　　　图1-2-42

图1-2-43　　　　　　　　　　图1-2-44

图1-2-45　　　　图1-2-46　　　　图1-2-47　　　　图1-2-48

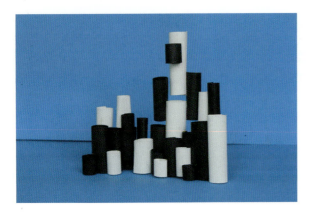

图1-2-49

图1-2-50

图1-2-51

三、立体构成的色彩要素

与绘画一样，在创作一个手工作品时，不但要考虑造型，还要考虑作品的黑、白、灰关系，冷暖关系等。在手工制作中，色彩的正确使用，对人心理和生理的影响很大，尤其在针对学前儿童的手工教学中尤为如此。儿童普遍喜欢符合他们年龄特点的、明快而活泼的色彩，轻快、愉悦、让人舒服的色彩搭配能够使人情绪稳定、性情平和（图1-2-52、图1-2-53）。

（一）色彩三要素：色相、明度、纯度

色彩分为无彩色系和有彩色系。黑、白、灰，没有纯度的变化，为无彩色系。红、橙、

图1-2-52

图1-2-53

黄、绿、青、蓝、紫等色彩，有纯度的变化，为有彩色系。我们把色相、明度、纯度称为色彩的三要素。色彩中除黑、白、灰只有明度变化以外，其他色彩均有色相、明度、纯度三方面的属性。在一个颜色里加入白色，明度提高的同时纯度降低，加入黑色或其他深色，明度降低纯度也降低（图1-2-54、图1-2-55）。

1. 色相

色相指色彩的相貌，红、橙、黄、绿、青、蓝、紫，每种名字代表一类具体的色相，它们之间的差别属于色相的差别。红色中加入不等量的白或黑，会混出不同明度和纯度的粉红色和深红色，但是色相不变。如在做太空泥作品时，为了让颜色变浅，我们会一直加白色。

2. 明度

明度是指色彩的明亮程度。两种以上不同明度的颜色在一起，能表现出立体感、空间感和重量感。在颜料中加入白色或本身明度较高的色彩可提高色彩的明度，加入黑或者本身明度较低的色彩可降低色彩的明度。

3. 纯度

纯度是指色彩的纯净程度，又称为饱和度。任何一种色相中混入白色、黑色、灰色或补色都会降低纯度。纯度的变化可构成鲜调、中调、灰调等强弱对比丰富的色调。

（二）色彩的情感与象征性

1. 绿色

绿色代表生命、青春、成长和健康，有生命、青春、和平、草木、自然、新鲜、平静、安逸、安全感、信任、公平理想等象征含义，色彩刺激性不大，对人的生理和心理作用都非常温和，因此在幼儿园中，往往会大面积使用绿色进行环境创设和美化（图1-2-56、图1-2-57）。

图1-2-54

图1-2-55

图1-2-56

图1-2-57

图1-2-58

图1-2-59

2. 红色

红色代表喜庆，寓意吉祥，使人联想到太阳、火、血、热情、花卉等，使人感觉温暖、兴奋，有活泼、热情、积极、希望、忠诚、健康、充实、饱满、幸福、长寿、吉祥等象征含义，但有时也会使人产生暴躁、危险、嫉妒等的感觉。深红给人以庄严、稳重、热情、高贵之感；粉红则有柔美、甜蜜、梦幻、愉快、幸福、文雅的感觉，多用于与女性相关的场合（图1-2-58至图1-2-61）。

图1-2-60

图1-2-61

3. 蓝色

蓝色属于典型的冷色，在自然界中占有较大面积，如天空、海洋均为蓝色。蓝色给人以冷静、智慧、深远的感觉，并且具有严谨、稳定的象征含义，所以蓝色经常被用于表现高科技、现代感的设计作品。浅蓝色，青春而富有朝气，为年轻人所喜爱（图1-2-62至图1-2-65）。

4. 黄色

黄色是所有色相中明度最高的色彩，它温和而明亮，象征欢乐、富有和光荣。黄色给人以轻快、活泼、光明、希望、健康、自信、高贵的感觉，在手工制作中用得较多，尤其是在塑造食物玩教具的时候，用黄色系配色会给人满满的食欲（图1-2-66至图1-2-69）。

图1-2-62

图1-2-63

图1-2-64

图1-2-65

图1-2-66

图1-2-67

图1-2-68

图1-2-69

图1-2-70

图1-2-71　　　　　　图1-2-72　　　　　　图1-2-73

图1-2-74　　　　　　　　　　图1-2-75

图1-2-76　　　　　　　　　　图1-2-77

5. 橙色

橙色介于红色和黄色之间，色彩明亮，识别度很高，既有红色的热情又有黄色的光明、活泼。橙色使人联想到火焰、灯光、霞光、水果、花朵等物象，温暖而明亮，给人以活泼、华丽、辉煌、跃动、炽热、温情、甜蜜、愉快、幸福的感觉。适用于食品、服装、儿童玩具的设计（图1-2-70至图1-2-73）。

6. 紫色

紫色具有优雅、高贵、娇媚、温柔、自傲、美梦、虚幻、魅力等心理特征和象征意义，给人以富贵、浪漫、华丽、尊严之感，在布艺制作和太空泥制作中经常使用（图1-2-74至图1-2-77）。

7. 黑色

黑色是无彩色，没有纯度变化，给人以沉静、神秘、肃穆、庄重的感觉。黑色适应性强，跟所有色相都能相配，也能取得较好的视觉效果，在手工制作中使用广泛。在幼儿园环境创设中，黑色太过压抑，不符合幼儿心理特征，不能大面积使用，在手工制作中小面积使用黑色，能起到调节和画龙点睛的作用（图1-2-78至图1-2-81）。

8. 白色

白色是无彩色，是不含有任何杂质的颜色。白色给人以纯洁、光明、朴素、卫生、恬静的视觉感受。白色也具有极强的适用性，无论什么颜色与之搭配都能显得更加鲜艳。在手工制作中，白色是必不可少的颜色（图1-2-82至图1-2-85）。

图1-2-78

图1-2-79

图1-2-80

图1-2-81

图1-2-82

图1-2-83

图1-2-84

图1-2-85

图1-2-86

图1-2-87

9. 灰色

灰色给人以高雅而含蓄的感觉，不同明度、具有一定色彩倾向的灰色搭配在一起，会有高级感，所以高雅的灰色可以大面积使用，一般用于背景墙和画面底色（图1-2-86至图1-2-88）。

图1-2-88

10. 金属色

金属色又称金、银色，在手工作品中一般小面积使用，主要起到装饰和边沿处提醒的作用，具有华丽、尊贵的高级感（图1-2-89、图1-2-90）。

图1-2-89

图1-2-90

（三）色彩的对比

1. 色相对比

色相对比是指两种以上的颜色并置在一起时，由色相差别形成的对比。根据在色环上距离的不同，色相对比的强弱也不同。

（1）同类色：色相环间隔15度以内称为同类色，属于弱对比，有平静、舒适、雅致的感觉，一般在幼儿园环境创设中会使用明亮且对比不强烈的色彩进行大面积涂装（图1-2-91至图1-2-94）。

（2）类似色：色彩在色环上间隔45°左右的对比称为类似色对比，色相统一又不失对比，属于中弱对比。类似色因色调之间含有共同的因素而显得统一、和谐、雅致，对画面面积、位置要求不严格，改变色相的明度和纯度就可构成优美、和谐统一的画面。同类色和类似色的配色，不会有太大的失误，相对于对比色配色和互补色配色来说，属于比较安全的配色方法。在幼儿园室内环境创设和主题墙设计中比较常用，优点是既不单调又色彩统一、和谐（图1-2-95、图1-2-96）。

图1-2-91

图1-2-93

图1-2-92

图1-2-95

图1-2-94

图1-2-96

图1-2-97

图1-2-98

（3）对比色：色彩在色相环上间隔130°左右的对比称为对比色对比。色相差异较大，色彩强烈、鲜明，视觉冲击力强，与互补色配色一样，在幼儿园环境创设中不适合大面积使用，适合局部装饰，在手工制作中这种配色极具趣味（图1-2-97、图1-2-98）。

图1-2-99

图1-2-100

（4）互补色：色彩在色相环上间隔180°左右的对比称为互补色对比，色环上有三组最强对比色，红—绿、黄—紫、蓝—橙。其色相差异最强烈，是最强的对比，色彩醒目而突出，具有独特的魅力。

在使用对比色和互补色配色时，一定要注意面积的配比，通常会以一种颜色为主，另一种颜色为辅（图1-2-99至图1-2-102）。构图还要有一定的秩序性，否则视觉效果会很乱。

图1-2-101

图1-2-102

2. 纯度对比

纯度对比是指将不同饱和度的颜色并置在一起时，形成鲜灰程度差别的对比。纯度对比是相对的，纯度对比强的画面色彩鲜艳、醒目、活泼；纯度对比弱的画面容易变得单调、灰暗。在手工制作中要把握好纯度的对比关系，有两种方式，一是纯色混入无彩色，二是纯色混入互补色。图1-2-103和　图1-2-104为高纯度对比，图1-2-105和图1-2-106为低纯度对比。

3. 明度对比

明度对比是指将不同明度的颜色并置在一起时，形成明暗程度差别的对比。人眼对明度的对比极为敏感，在手工制作中，一定要注意作品中的黑、白、灰关系，这种关系就是靠明度来确立的（图1-2-107至图1-2-110）。

图1-2-103

图1-2-104

图1-2-105

图1-2-106

图1-2-107

图1-2-108

图1-2-109

图1-2-110

图1-2-111

图1-2-112

图1-2-113

图1-2-114

图1-2-115

图1-2-116

4. 冷暖对比

冷暖是相对而言的，一般认为，橙色是最暖的颜色，红、黄色为暖色，黄、绿色为中性微暖色，蓝紫、蓝绿色为冷色，蓝色为最冷色。

（1）冷色调：冷色占作品面积70%以上构成冷色调，以蓝色、蓝紫色为主色（图1-2-111、图1-2-112）。

（2）中性微冷调：中性微冷色占作品面积70%以上可构成中性微冷调，蓝绿色为主色（图1-2-113、图1-2-114）。

（3）中性微暖调：中性微暖色占作品面积70%以上可构成中性微暖调，黄绿色为主色（图1-2-115、图1-2-116）。

（4）暖色调：暖色占画面面积70%以上构成暖色调，以橙色、红色、黄色为主色（图1-2-117、图1-2-118）。

（四）色彩的调和

色彩的调和是指两种或两种以上的色彩搭配后，既有统一又有变化的和谐色彩关系，能使人产生愉快、满足、美的感受。色彩的调和基本分为两大类：类似调和和对比调和。

1. 类似调和

类似调和也称共性调和，强调色彩要素中的一致性关系，追求色彩关系的统一感。深蓝与浅蓝、大红与粉红、深绿与浅绿、红色与黄橙色、紫罗兰与玫瑰红等，都属于同一色调，或是明度上的类似，或是色相上的类似，或是纯度上的类似（图1-2-119至图1-2-122）。

图1-2-117　　　　　　　　　　　　　　　　图1-2-118

图1-2-119　　　　　　　　　　　　　　　　图1-2-120

图1-2-121　　　　　　　　　　　　　　　　图1-2-122

图1-2-123

图1-2-124

图1-2-125

图1-2-126

图1-2-127

图1-2-128

2. 对比调和

当作品色彩在色相、明度和纯度上都缺少共性且差异较大时，可通过一定的秩序使作品统一起来。在手工制作中，通常会使用面积调和、秩序调和、无彩色及光介入的方法。

（1）面积调和：把对比色中一方的面积进行加大或者缩小，使画面有一个主色调，形成主次秩序的调和关系（图1-2-123、图1-2-124）。

（2）秩序调和：色彩各属性保持持续有规律的过渡，明度、纯度、色相渐变，形成秩序感和节奏感（图1-2-125、图1-2-126）。

（3）无彩色及光介入：任何相邻的色彩，在黑、白等无彩色的间隔下，画面都会趋于协调；互补色和对比色同处于一个空间陈列，可以用打色光的方法统一主色调（图1-2-127、图1-2-128）。

项目三　纸构成的实操应用

一、半立体构成

半立体构成又名二点五维构成，是介于平面构成与立体构成之间的造型，是从平面走向立体的过渡阶段。常用的材料有纸、塑料板、泡沫板、木板、金属板等。

（一）半立体抽象构成

半立体抽象构成运用切折加工手法来表现几何体造型，制作简单而富于变化。切折构成有以下三种形式。

（1）一切多折：在 10 cm² 的卡纸上，用壁纸刀切一道口，切线两端不要切断，在切线的两边做线性、尺度、方向等有计划的折线，使平面产生有凹凸效果的半立体造型（图1-3-1）。

（2）不切多折：在 10 cm² 的卡纸上，一刀不切，只做折叠练习，形成有起伏的浮雕效果（图1-3-2）。

（3）多切多折：在 10 cm² 的卡纸上，多处切开多处折叠即为多切多折（图1-3-3）。

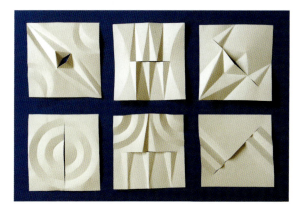

图1-3-1　一切多折

图1-3-2　不切多折

图1-3-3　多切多折

半立体兰花制作

图1-3-4　利用纸的剪切、粘贴、折翻的手法

图1-3-5　利用纸的切割、折翻、插接的手法

（二）半立体仿生构成

半立体具象设计是在抽象造型的基础上，综合运用剪切、切割、折翻、卷曲、粘贴、镂空等多种手法，把具象的自然形态用抽象和概括的方法表现出来的一种造型形式（图1-3-4、图1-3-5）。

二、透空柱式构成

透空柱体是指柱身封闭、两个柱端不封闭的虚体。柱式构成是在半立体构成和半立体重复构成的基础上的一种构成变化。

制作方法：先在平面卡纸上用铅笔进行设计，画出图案；再根据设计要求对图案进行折叠、切割、掀折、卷曲、镂空等制作；然后，把已经制作好的半立体构成的两端进行围合，呈筒状，粘住；最后，整理内陷或突出的棱角和面，做出立体形态。

构成基础：柱式构成

根据形体分，透空柱体有棱柱和圆柱两种；根据形式分，透空柱体有柱端与柱底变化、柱楞变化、柱身变化、柱式作品仿生与综合变化。

1. 柱端与柱底变化

如图1-3-6至图1-3-9所示为柱端与柱底变化。

图1-3-6

图1-3-7

图1-3-8

图1-3-9

2. 柱楞变化

如图1-3-10至图1-3-13所示为柱楞变化。

图1-3-10 　　　　　　 图1-3-11 　　　　　　 图1-3-12 　　　　　　 图1-3-13

3. 柱身变化

如图1-3-14至图1-3-17所示为柱身变化。

图1-3-14 　　　　　　 图1-3-15 　　　　　　 图1-3-16 　　　　　　 图1-3-17

4. 柱式作品仿生与综合变化

如图1-3-18至图1-3-23所示为柱式作品仿生与综合变化。

图1-3-18 　　　　　　 图1-3-19 　　　　　　 图1-3-20

图1-3-21

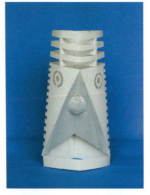
图1-3-22

图1-3-23

5. 作品欣赏（图1-3-24至图1-3-31）

图1-3-24

图1-3-25

图1-3-26

图1-3-27

图1-3-28

图1-3-29

图1-3-30

图1-3-31

三、多面体构成

多面体是日常生活中很常见的形体，如各种球类等。多面体的展开图是一个平面，多面体的面越多，越接近球体。我们经常接触的多面体有两类，一类是柏拉图式多面体，另一类是阿基米德式多面体。

（一）多面体的构成方式

1. 柏拉图式多面体

柏拉图式多面体又称为正多面体，组成多面体的所有的面都是一样的形状，如正四面体、正六面体、正八面体、正十二面体、正二十面体。如图1-3-32所示为正二十面体，图1-3-33所示为正六面体和正十二面体。

2. 阿基米德式多面体

阿基米德式多面体是由两种或两种以上的面形组成的，共有13种，如图1-3-34和图1-3-35所示即为其中两种。

（二）多面体的造型变化

多面体的造型变化分为等量变化、加量变化、减量变化，既可以是面的变化，也可以是角的变化、楞的变化。

1. 等量变化

等量变化是指在基本造型不变的情况下，利用纸的插接、切折等手法进行装饰，不减少材料的量（图1-3-36至图1-3-39）。

构成基础：
多面体构
成与应用

图1-3-32

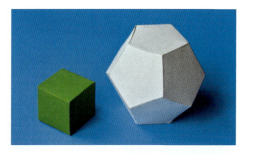

图1-3-33

图1-3-34

图1-3-35

图1-3-36

图1-3-37

图1-3-38

图1-3-39

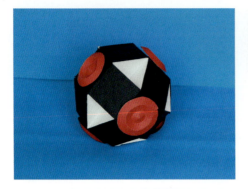

图1-3-40

图1-3-41

2. 加量变化

加量变化是指基本型做好之后，用在上面添加其他材料或形体的手法进行装饰，在原有材料的基础上加量（图1-3-40、图1-3-41）。

图1-3-42

图1-3-43

3. 减量变化

减量变化是指在面体围合成球体之前在面上绘制图案并采用镂空的手法，组成球体的材料有所减量（图1-3-42、图1-3-43）。

图1-3-44

图1-3-45

图1-3-46

4. 花球作品延伸与应用（图1-3-44至图1-3-46）

拓展训练

1. 用点状材料做点的重复、聚集、疏密、线化的练习。

2. 用卡纸做面的不切多折、一切多折、多切多折的练习。

3. 用卡纸做柱式构成练习，有柱端与柱底变化、柱楞变化、柱身变化。

4. 用卡纸做球体的构成练习，注意等量、加量、减量的变化。

模块二

纸材料制作

学习目标

1. 掌握折纸、剪纸、撕纸、纸浮雕、立体纸工、瓦楞纸应用、纸艺花制作、面具与头饰制作的基本技巧和制作方法。
2. 了解各种纸材料的特性和用途。
3. 通过对纸材料的加工，掌握各种造型的方法和技巧。
4. 通过实践操作锻炼动手能力，培养创造性思维和设计能力。
5. 通过纸材料制作，了解文化的传统内涵，加深审美认知。

项目一　折　　纸

一、材料

可用于折纸的材料非常多。材料的选用会直接影响折叠的效果，标准打印纸的厚度适用于简单的折叠，如常见的动物、花卉。特别的折纸用纸，通常以预先制成的方形纸的形式售卖，边长尺寸由8 cm至25 cm或更大不等。常见的折纸用纸一面有色，另一面白色的，适合双色作品；双面颜色或有图案的色纸也比较常用，至于较轻或较薄的折纸用纸，则可适用更广的作品范围。

二、注意的问题

折纸是可设计的，好的折纸作品不仅造型生动而且结构巧妙，它以几何数理为理论依据，是对作品比例、结构、色彩、形态、质感等多方面的综合考量和处理的结果，是手工技术与折叠艺术的综合创作过程。初学折纸要耐心细致，"差之毫厘，失之千里"，所以要力求准确、严格，多思考多尝试；初学者要从符号和基本型入手，循序渐进，先大量练习简单的作品，再尝试复杂的作品。

三、折纸符号

折纸符号见图2-1-1。

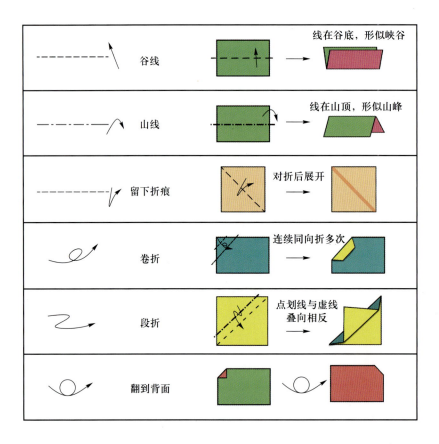

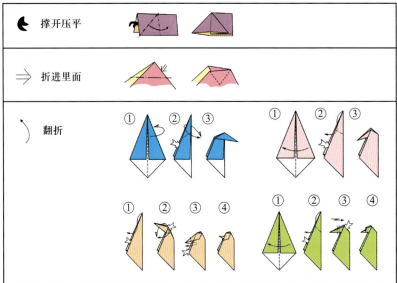

图2-1-1 折纸符号

四、折纸示例

1. 冰激凌（图2-1-2）

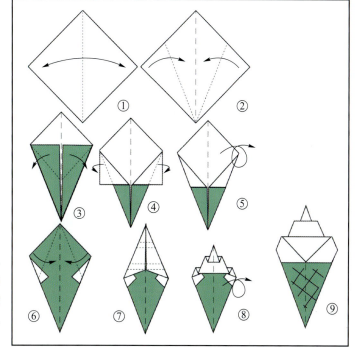

①沿虚线对折。②沿虚线朝箭头方向对折。③沿虚线朝箭头方向向外翻折。④沿虚线向背后翻折。⑤翻转过来。⑥沿虚线向中线对折。⑦沿虚线折四次再抚平。⑧沿虚线内推。⑨整理完成。

图2-1-2　冰激凌的折法

2. 熊（图2-1-3）

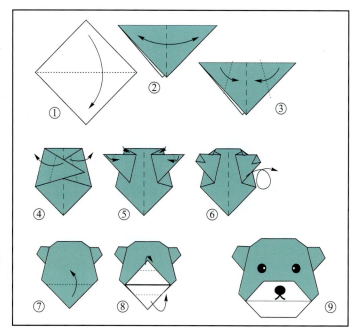

①沿虚线对折。②对折后打开。③沿虚线向内折，折后上端呈梯形。④沿虚线向外折。⑤尖角内折。⑥翻转过来。⑦沿虚线向上翻折。⑧沿虚线向后折。⑨画上五官，完成。

图2-1-3　熊的折法

3. 猫咪（图2-1-4）

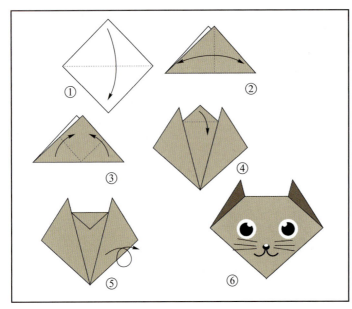

①沿虚线对折。②对折后打开。③沿虚线折叠。④沿虚线折叠。⑤翻转过来。⑥用马克笔画上五官，完成。

图2-1-4　猫咪的折法

4. 小船（图2-1-5）

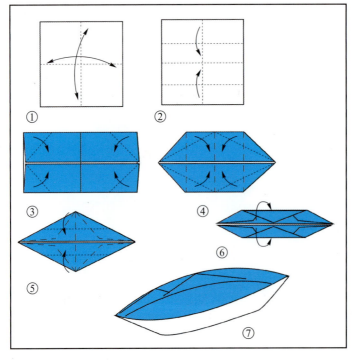

①沿虚线对折两次后打开。②沿虚线向中轴线对折。③4个角沿虚线向内折。④沿虚线朝箭头方向内折。⑤沿虚线朝箭头方向对折。⑥从中间开口处向外撑开。⑦整理完成。

图2-1-5　小船的折法

5. 螃蟹（图2-1-6）

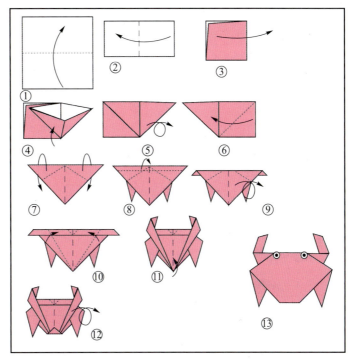

①沿虚线对折。②再对折。③拉开口袋。④朝箭头方向推，展开压平。⑤翻转过来。⑥把另一面展开压平。⑦两个角沿虚线向后翻折。⑧沿虚线向下折并压平。⑨翻转过去。⑩沿虚线折叠。⑪尖角上翻。⑫翻转过来。⑬整理完成。

图2-1-6　螃蟹的折法

6. 蝙蝠（图2-1-7）

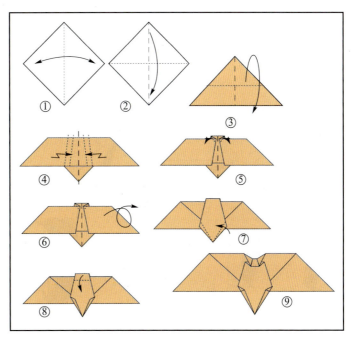

①沿虚线对折后打开。②沿虚线对折。③沿虚线朝箭头方向向后折叠。④⑤在中线两侧沿虚线正反折叠两次。⑥⑦翻转过来，底部沿虚线内折。⑧上部沿虚线朝箭头方向下折。⑨用手稍撑开上方折叠头部，整理完成。

图2-1-7　蝙蝠的折法

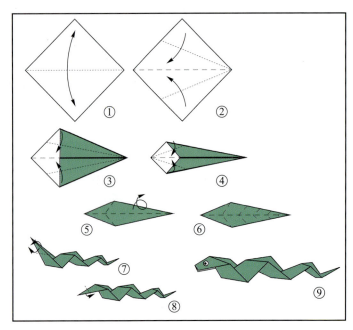

7. 蛇（图2-1-8）

①沿虚线对折后再打开。②沿虚线对折。③沿虚线对折。④沿虚线向中心线折叠。⑤翻转过来。⑥按图示画上5道折叠线，距离均等。⑦沿虚线向下折。⑧把尖角向内折。⑨画上眼睛，整理完成。

图2-1-8　蛇的折法

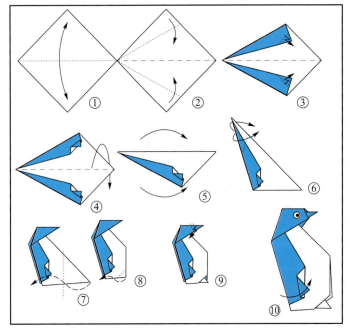

8. 企鹅（图2-1-9）

①沿虚线对折后打开。②沿虚线向中轴线对折。③角正反折两次。④沿虚线向后折。⑤旋转90°。⑥朝箭头方向向外翻折。⑦沿虚线向后折。⑧沿虚线向内折。⑨沿虚线折叠嘴巴。⑩画上眼睛，翅膀向外拉一下，整理完成。

图2-1-9　企鹅的折法

9. 野花（图2-1-10）

①沿虚线对折后打开。②沿虚线向中轴线对折。③两个角沿虚线向下折。④翻到背面。⑤沿中间虚线向上对折。⑥沿虚线向下折。⑦沿虚线朝箭头方向折。⑧沿虚线向中心线折。⑨上部尖角沿虚线向下折。⑩⑪翻到正面，整理完成。

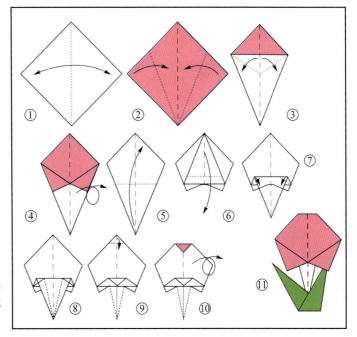

图2-1-10　野花的折法

10. 老虎（图2-1-11）

①沿虚线对折后打开。②沿虚线朝箭头方向对折。③两个角沿虚线向上翻折。④沿虚线朝箭头方向内折。⑤沿虚线朝箭头方向下折。⑥把两侧的角折下并翻到正面。⑦下部尖角向上翻。⑧下部尖角向后折。⑨尖角沿虚线向下折。⑩画上图案，整理完成。

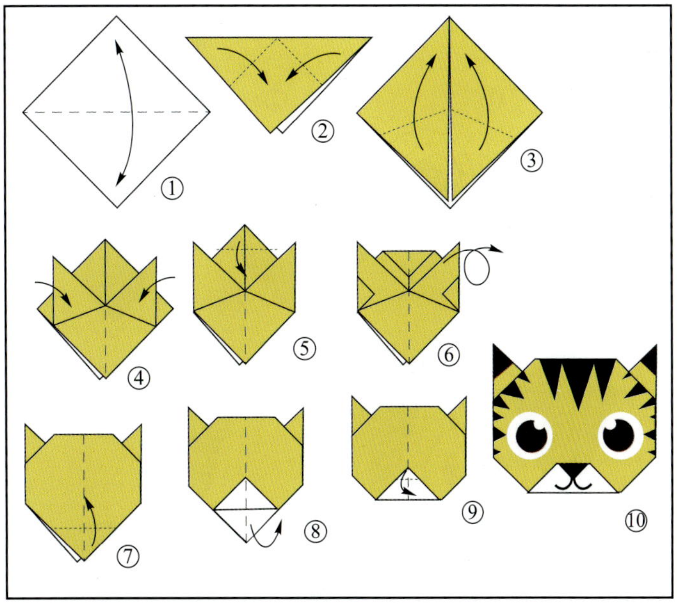

图2-1-11　老虎的折法

11. 蜗牛（图2-1-12）

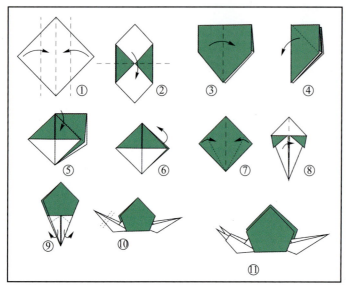

①沿虚线对折后打开，尖角向中心对折。②沿虚线朝箭头方向对折。③沿虚线朝箭头方向对折。④角撑开沿虚线朝箭头方向折。⑤压平并翻到后面。⑥另一面同样压平，并把两面合在一起。⑦沿虚线向中心线对折。⑧两面沿中心线合在一起。⑨两个尖角沿虚线朝箭头方向折。⑩⑪头部折两个折痕后向内推折，整理完成。

图2-1-12　蜗牛的折法

12. 鸢尾花（图2-1-13）

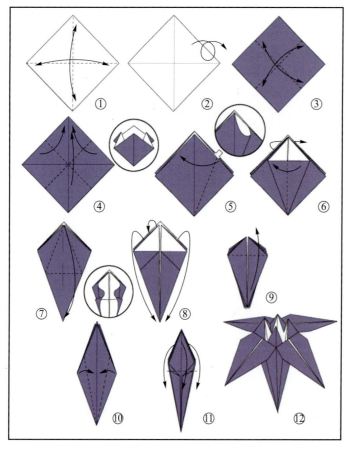

①沿虚线对折后打开。②翻到反面。③沿虚线对折后打开。④捏住中心点两侧，四个角向中间推折。⑤撑开箭头处，沿虚线向右边压折。⑥沿虚线对折，另外三个角都撑开压平。⑦朝箭头方向把角向下拉，沿虚线折叠后压平。⑧依次向下拉，压平。⑨尖角沿虚线向上折。⑩沿虚线对折。⑪⑫沿虚线向下拉折其余的角，整理完成。

图2-1-13　鸢尾花的折法

13. 大象（图2-1-14）

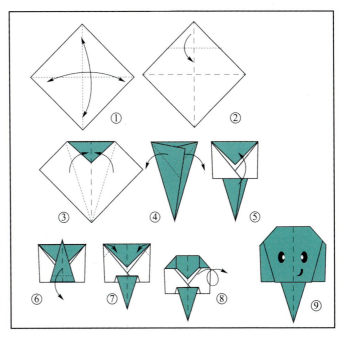

①沿虚线对折两次后打开。②沿虚线朝箭头方向对折。③两个角沿虚线向中心线折。④沿虚线朝箭头方向外折。⑤下部朝箭头方向上折。⑥沿虚线朝箭头方向下折。⑦上部沿虚线朝箭头方向折叠并翻到正面。⑧⑨画上眼睛和嘴巴，整理完成。

图2-1-14　大象的折法

14. 恐龙（图2-1-15）

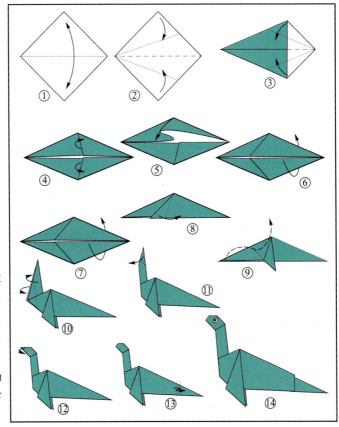

①沿虚线对折后打开，留下折痕。②两侧沿虚线朝箭头方向对折。③继续向中心线对折。④⑤撑开朝箭头方向翻折，另一侧也拉开压平。⑥压平并翻到后面。⑦沿虚线把两侧的角拉开。⑧两面沿中心线合在一起。⑨头部翻起内折，并沿虚线向内折。⑩头部向内折。⑪⑫嘴巴的尖角向内折。⑬⑭恐龙尾巴初折叠两次，留下压痕，整理完成。

图2-1-15　恐龙的折法

15. 瓢虫（图2-1-16）

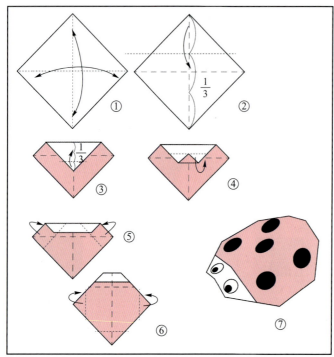

①沿虚线两次对折后打开，留下折痕。②其中一条对角线平均分成三份。③沿第一条虚线向下折。④折下的部分平均分成三份，沿第一条虚线向上折。⑤沿虚线朝箭头方向折。⑥沿虚线向反面折。⑦画上图案，整理完成。

图2-1-16 瓢虫的折法

16. 方宝（图2-1-17）

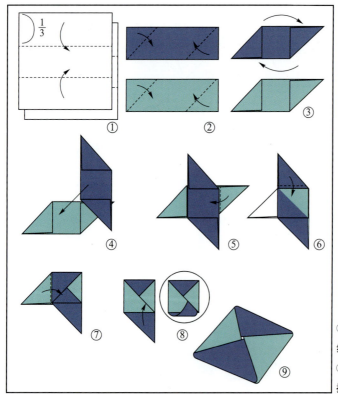

①两张正方形的纸，每张平均分成三份，沿虚线折成长条。②沿虚线朝箭头方向折。③换方向。④重叠起来。⑤~⑦沿虚线折。⑧⑨两面重叠起来，插入，整理完成。

图2-1-17 方宝的折法

17. 纸灯笼（图2-1-18）

①对折。②对折。③打开箭头处的袋子。④按图示从下面撑开，沿虚线折压。⑤翻过来。⑥步骤同④。⑦面向中间虚线，沿虚线朝箭头方向折。⑧沿虚线向背面折。⑨沿虚线朝箭头方向折。⑩再沿虚线朝箭头方向折。⑪放入三角形的袋子里。⑫⑬从下面的小孔往里吹气撑起来，整理完成。

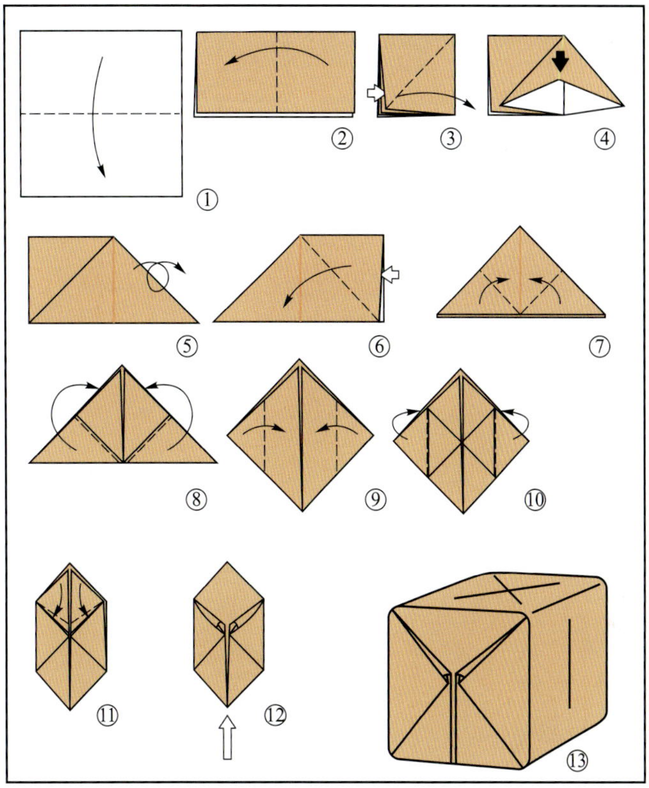

图2-1-18 纸灯笼的折法

18. 东南西北（图2-1-19）

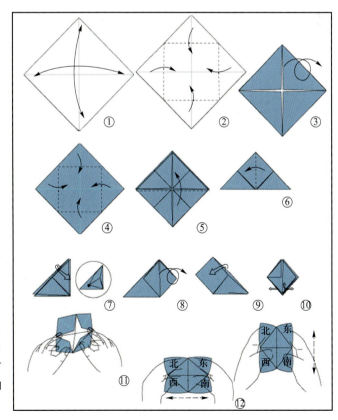

①两次对折后打开复原。②沿虚线向中心点折。③翻过来。④面向中间沿虚线折。⑤对折。⑥对折。⑦面向中间沿虚线折。⑧翻过来。⑨用一样的方法打开、压平。⑩从下面打开四个地方。⑪⑫四个手指插进去，完成。

图2-1-19 东南西北的折法

19. 气球金鱼（图2-1-20）

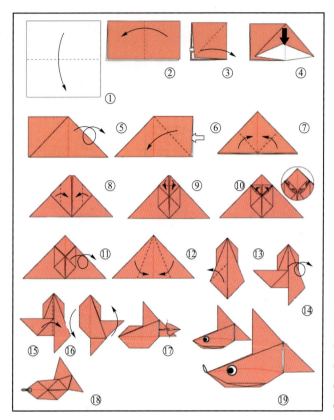

①对折后打开复原。②对折。③按图示从下面撑开，沿虚线折压。④在箭头处打开袋子，压平。⑤翻过来。⑥步骤同④。⑦面向中间沿虚线折。⑧⑨沿虚线折。⑩朝箭头方向插入。⑪翻过来。⑫沿虚线向中间折。⑬沿虚线折。⑭翻过来。⑮沿虚线折。⑯换方向。⑰吹入空气撑起来。⑱⑲画上眼睛，整理完成。

图2-1-20　气球金鱼的折法

20. 纸盒（图2-1-21）

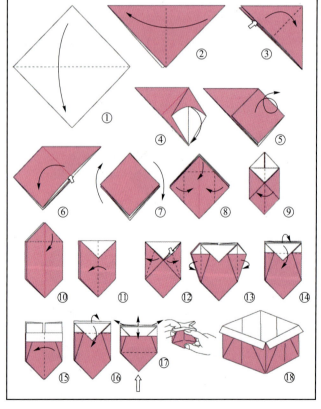

①对折后打开复原。②对折。③④在箭头处打开袋子，压平。⑤翻过来。⑥在箭头处打开袋子，压平。⑦旋转方向。⑧沿虚线折。⑨对折。⑩沿虚线折。⑪翻到侧面。⑫沿虚线向外折。⑬沿虚线向后折。⑭两边沿虚线朝箭头方向折。⑮翻到侧面。⑯两边沿虚线朝箭头方向折。⑰⑱向四周拉开，整理完成。

图2-1-21　纸盒的折法

21. 飞机（图2-1-22）

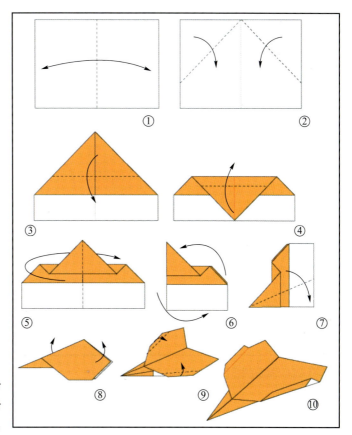

①对折后打开复原。②沿虚线向中间折。③④沿虚线折。⑤沿虚线向后折。⑥旋转方向。⑦沿虚线折。⑧竖起机翼。⑨⑩沿虚线折，整理完成。

图2-1-22 飞机的折法

22. 蝉（图2-1-23）

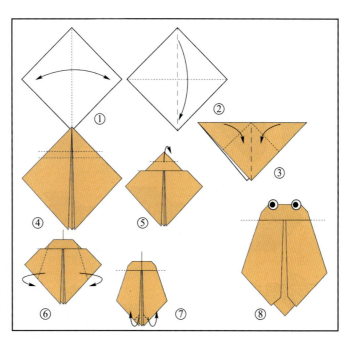

①对折后打开复原。②沿虚线对折。③沿虚线折。④沿虚线折。⑤沿虚线向后折。⑥沿虚线向后折。⑦⑧沿虚线折，整理完成。

图2-1-23 蝉的折法

23. 樱花（图2-1-24）

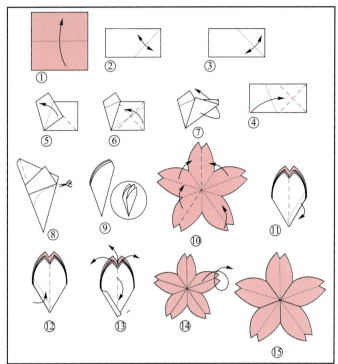

图2-1-24　樱花的折法

①沿虚线对折。②沿虚线折后复原。③沿虚线折后复原。④沿虚线折，左下角与交叉点重合。⑤沿虚线朝箭头方向折。⑥沿虚线朝箭头方向折。⑦向后折。⑧沿圆弧虚线剪下来。⑨打开。⑩沿虚线朝箭头方向折。⑪沿虚线向后折。⑫沿虚线向前折。⑬朝一个方向打开。⑭⑮翻过来，整理完成。

24. 照相机（图2-1-25）

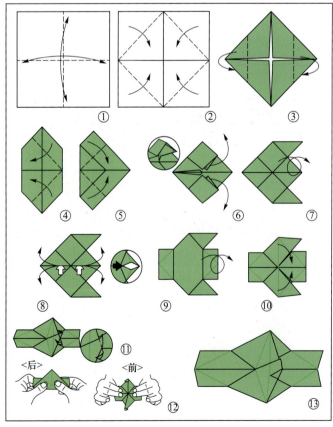

图2-1-25　照相机的折法

①沿虚线对折后打开。②沿虚线向中心折。③沿虚线向后折。④沿虚线朝箭头方向折。⑤沿虚线朝箭头方向折。⑥把口袋沿虚线朝箭头方向拉开压平。⑦翻过来。⑧在箭头处朝箭头方向拉开压平。⑨翻过来。⑩朝箭头方向折。⑪~⑬把两个尖角折叠插入，整理完成。

25. 枫叶（图2-1-26）

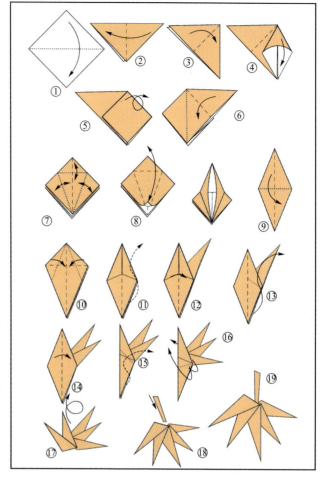

①沿虚线对折。②沿虚线对折。③沿虚线对折。④把口袋拉开压平。⑤翻过来。⑥同步骤④，把口袋拉开压平。⑦沿虚线折叠后复原。⑧两边都朝箭头方向拉开压平。⑨上角沿虚线朝箭头方向对折。⑩朝箭头方向折。⑪沿虚线折叠后，拉下面角向上翻折。⑫沿虚线朝箭头方向折。⑬向上翻角。⑭沿虚线朝箭头方向折。⑮朝箭头方向翻角。⑯朝箭头方向翻角。⑰翻过来。⑱⑲插入木棍或纸卷，整理完成。

图2-1-26 枫叶的折法

26. 鹦鹉（图2-1-27）

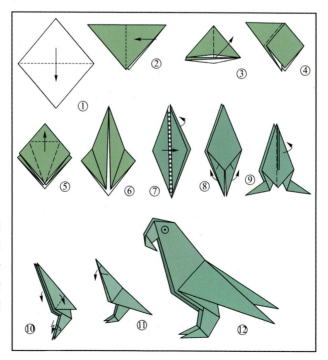

①沿虚线朝箭头方向折。②沿虚线朝箭头方向内陷折叠。③按图示从下面撑开，沿虚线折压。④背面同步骤③。⑤沿虚线向上拉折。⑥背面同步骤⑤。⑦沿虚线朝箭头方向折，背面相同。⑧沿虚线内折。⑨按图示剪开前一层，沿虚线向背面折叠。⑩沿虚线朝箭头方向折。⑪沿虚线折叠成鹰嘴。⑫画上眼睛，整理完成。

图2-1-27 鹦鹉的折法

项目二　剪　　纸

一、概述

剪纸是一种用剪刀或刻刀在纸上剪刻花纹，用于装点生活或配合其他民俗活动的民间艺术。在我国，剪纸具有广泛的群众基础，交融于各族人民的社会生活，是民俗活动的重要组成部分。其传承的视觉形象和造型格式，蕴含了丰富的文化历史信息，表达了广大民众的社会认知、道德观念、实践经验、生活理想和审美情趣，具有认知、教化、表意、抒情、娱乐、交往等多重社会价值。早在纸发明之前，人们就已经运用薄片材料，通过镂空雕刻的技法制成工艺品，即以雕、镂、剔、刻、剪的技法在金箔、皮革、绢帛，甚至在树叶上剪刻纹样。

剪纸艺术：
认识剪纸

中国最早发现的剪纸作品，是新疆吐鲁番火焰山附近出土的北朝时期的团花剪纸"对猴""对马"（图2-2-1、图2-2-2）。这些剪纸作品，采用了重复折叠的方式和形象互不遮挡的处理手法。"对猴"团花剪纸，内圈多用几何纹样组成美丽的花纹图案。内外圈之间，16只猴子分成8对围成圆圈，每对猴子向背而立，又回过头来相对而视，一只前爪相携，另一只前爪攀着旁边的树枝。那猴子张嘴呼叫、回首、顾盼，似乎嬉戏于林间，玩得不亦乐乎，极其生动。"对马"团花剪纸，是在六边形内，交错安排圆形、菱形、三角形组成一朵莲花，在六边形外，有6对相背而立的马，马昂首翘立，被刻画得雄健有力。

唐代是剪纸的大发展期。杜甫有诗"暖汤濯我足，剪纸招我魂"。可见，剪纸在唐代作为丧葬用品已经被广泛使用。在敦煌莫高窟第17窟发现了6件唐代的剪纸作品（图2-2-3、图2-2-4），现藏于大英博物馆。这些剪纸作品的整个图案布局呈正方形，四角均匀对称，用各色彩纸剪裁成大小不一的花瓣形状，重叠粘贴成一朵重瓣

图2-2-1　"对猴"

图2-2-2　"对马"

图2-2-3

图2-2-4

的大花，最多的可达9层。还有一些加施点染彩绘，各层花瓣造型准确、逐层缩小，花瓣中有部分镂空的处理。另外，在敦煌其他洞窟的墙壁上和天花板上也可以见到同类型的纸花，由此可以推知，这类纸花应该是用于室内的装饰品。

现藏于印度新德里博物馆的一幅唐五代时期的"双鹿佛塔剪纸"（图2-2-5），采用折剪法，中心为塔身，上有对称的人物造型，有门、栏柱，三角形塔顶上有法轮和刹杆，塔基为对鸟、对鹿，塔两边是前肢向上的对鹿。这幅剪纸的构图和寓意表明其是与佛教内容相关的作品。

到了宋代，造纸业成熟，使得剪纸艺术越发普及。宋代剪纸运用于各领域。在南宋时期，还出现了以此为职业的艺人。那时候皮影戏盛行，也有用厚纸制作皮影造型的。宋代剪纸最大的创造便是瓷器剪纸印花图案，它是在施釉之前，贴上剪纸，入窑烧制而成的。最具有代表性的是江西吉州窑的瓷器（图2-2-6至图2-2-9）。

到了明清时期，民间剪纸艺术越发成熟，已经走向鼎盛。这时候的民间剪纸艺术运用范围就更加广阔了。民间彩灯上的花饰、扇面上的纹饰及刺绣的花样等，是利用剪纸图案再加工而成的。明清时期的剪纸，更多用作家居装饰，美化家居环境（图2-2-10）。

图2-2-5 "双鹿佛塔剪纸"

图2-2-6

图2-2-7

图2-2-8

图2-2-9

图2-2-10

剪纸艺术有着极强的民间灵魂和气息，即便经过千年发展，依旧长盛不衰，甚至变得越发壮大起来。随着时代发展，现代剪纸种类多样，内容齐全，在民俗文化中有着举足轻重的地位。

二、剪纸的题材

（一）风俗生活题材

这类题材来自生活，剪纸作品表现的内容生活气息十分浓厚，如喂鸡、养猪、牧羊、放牛、骑驴、赶车、走娘家、抱胖娃娃、搞家庭副业、参加田间劳动等（图2-2-11、图2-2-12）。

（二）吉庆寓意题材

民间剪纸在题材上的一大特点，是采用托物寄情的寓意手法。常用的有以下几种。

谐音法：刻上莲花和鲤鱼就寓意"连年有余"，这里以莲谐"连"，以鱼谐"余"。

象征法：借某一物象来表示一个概念，使人产生联想。如桃子象征长寿、石榴象征多子（图2-2-13、图2-2-14）。

（三）戏曲传说题材

这类题材多取材于当地流传的故事的情节，如"梁山伯与祝英台""白蛇传""红楼梦""西厢记"等。京剧的发源地在北京，京剧脸谱剪纸以临近北京的蔚县尤为著名（图2-2-15、图2-2-16）。

图2-2-11

图2-2-12

图2-2-13

图2-2-14

图2-2-15

图2-2-16

图2-2-17   图2-2-18

（四）劳动场景题材

这类题材的剪纸，主要根据人们的春耕、夏锄、秋收、冬藏等具体的劳动场景为创作内容，表达了劳动人民对自己生活的热爱和对自己劳动成果的喜爱（图2-2-17、图2-2-18）。

（五）风景名胜题材

祖国的名山大川、文物古迹、古典建筑等都是良好的创作题材。以景抒情、寄情于景，这类剪纸作品可用以抒发创作者对祖国大好河山的热爱（图2-2-19）。

图2-2-19

三、剪纸的分类

根据用纸和制作工艺的不同，剪纸可以分为单色剪纸和彩色剪纸。彩色剪纸又可以分为套色剪纸、染色剪纸、填色剪纸、分色剪纸、衬色剪纸。

（一）单色剪纸

单色剪纸是剪纸艺术中最基础最常见的一种，比较常用的颜色有：红色、绿色、褐色、黑色、金色。单色剪纸主要用于窗花装饰和刺绣的底样。表现手法主要有阴刻剪纸、阳刻剪纸、阴阳剪纸结合三种。折叠剪纸、剪影、单独纹样等都是单色剪纸的表现形式。

1. 折叠剪纸

折叠剪纸是民间剪纸艺术中最常见的一种制作形式。所谓折叠剪纸是将纸经过不同方式的折叠剪制而成。最早的"对马""对猴"等团花剪纸就是经折叠剪出的。折叠剪纸折法简明，制作简便，省工省时，造型概括而有一定变形，尤其适于表现结构对称的形体和对称的图案，如人、蛙、蝶、龟、倒影、对鱼等。几何纹、花卉、景物、器具等题材都能适应，而且展开极为对称，又能变化出多种适合形，两方连续，四方连续或多方连续，这是它能长久得以流传的一个主要原因。折叠剪纸对中国的剪纸普及和工艺图案造型，发挥着重要作用（图2-2-20、图2-2-21）。

剪纸艺术：剪纸的基本技法

图2-2-20

图2-2-21

图2-2-22

图2-2-23

图2-2-24

图2-2-25

图2-2-26

图2-2-27

2. 剪影

剪影是剪纸艺术中的一种古老形式，通过外轮廓表现人物和物象的形状，所以它最注重外轮廓的美和造型。剪影由于受轮廓造型的局限，一般以表现人物或其他物体的侧面为好。其工具主要是剪刀和刻刀，纸一般用黑色或深色纸。在表现人物侧影时，一般是边看对象边剪。剪影很适合表现透光效果，是一种很有特色的剪纸类型（图2-2-22、图2-2-23）。

3. 单独纹样

单独纹样是指不受外轮廓的限制，可单独处理、自由运用的一种装饰纹样。这种纹样的组织与周围其他纹样无直接联系，但要注意外形完整、结构严谨，避免松散零乱。单独纹样可以单独用作装饰，也可用作适合纹样和连续纹样的单位纹样（图2-2-24、图2-2-25）。

（二）彩色剪纸

1. 套色剪纸

套色剪纸多以已完成的阳刻主稿为主，在背面拼贴上所需要的各种色纸，营造出斑斓的艺术效果（图2-2-26、图2-2-27）。

2. 染色剪纸

染色剪纸是在用生宣纸剪刻好的成品上，用毛笔点上各种色彩。染色剪纸作品色彩艳丽，装饰意味较浓。河北丰宁、蔚县剪纸以"阴刻"和"色彩点染"为主，故有"三分工，七分染"之说。题材多取自戏曲人物，也有花草鱼虫、飞禽走兽等吉祥形象。染色剪纸以薄薄的宣纸为原料，用小巧锐利的雕刀手工刻制，再点染明快绚丽的色彩而成，构图朴实饱满，造型生动、优美、逼真，色彩对比强烈，带有浓郁的乡土气息（图2-2-28、图2-2-29）。

图2-2-28　　　　　　　　　　　　　　　　　图2-2-29

3. 填色剪纸

填色剪纸是把刻好的主稿贴在白色纸上，根据需要，在空白的地方分别涂上不同颜色，绘画性比较强（图2-2-30、图2-2-31）。

4. 分色剪纸

分色剪纸是指用不同色纸剪好各部分后再拼贴，近似剪贴（图2-2-32）。

5. 衬色剪纸

衬色剪纸是以白色的底稿线条为轮廓，下面衬深色，让它们呈现强烈的对比效果（图2-2-33、图2-2-34）。

图2-2-30

图2-2-31　　　　　　　　　图2-2-32

图2-2-33

图2-2-34

四、剪纸的表现手法

阴刻、阳刻都是雕刻术语。阴刻是将显示平面物体之外的立体线条刻出，阳刻是为突出形状，将显示平面物体的立体线条刻出。

（一）阴刻剪纸

阴刻剪纸是把图案自身剪刻掉，剩下的是图案以外的部分，通过衬纸反衬出图案的内容。阴刻剪纸的特点是刻去原稿的轮廓线，保留轮廓线以外的部分，所以阴刻剪纸的特征是它的线条不一定是相连的，作品的整体是块状的（图2-2-35、图2-2-36）。

图2-2-35

图2-2-36

（二）阳刻剪纸

阳刻剪纸，就是把图案以外的部分剪刻掉，保留图案原有的点线面，一般需要笔笔相连。它的特征就是保留原稿的轮廓线，剪去轮廓线以外的空白部分。它的每一条线都是互相连接的。阳刻剪纸玲珑细致，一般南方剪纸多用此法（图2-2-37、图2-2-38）。

图2-2-37

图2-2-38

（三）阴阳结合剪纸

在传统剪纸中，完全采用一种表现手法的剪纸方式并不多见，大部分是把阴刻阳刻两种表现手法结合起来，阳刻中有阴刻，阴刻中有阳刻，使得作品阴阳相济，互相映衬，画面效果更为丰富。一般是先利用阳刻将主体纹样的轮廓剪出，然后再进行阴刻的装饰修剪，也有时阴阳并行，相得益彰（图2-2-39、图2-2-40）。

图2-2-39

图2-2-40

五、剪纸制作方法

（一）剪纸基本步骤

（1）画稿，简单的剪纸可以手绘，稍微复杂的剪纸可以采用打印的方式。

（2）准备纸张，一般剪纸或刻纸会同时剪刻好几张，所以纸裁好后，要用订书机把稿子和纸整齐地订在一起。

（3）剪纸和刻纸，遵循先小后大、先内后外、先曲后直的原则剪刻，注意线条要流畅圆润，运刀的时候尽量均匀用力，平稳不要断线。

（二）剪纸方法

民间艺人剪纸的时候一般不需要画草图，拿起纸来端详一下直接下剪，人物、动物、风景、器物等一气呵成。遇有孔洞的地方，直接用剪子尖扎破纸，转动着剪出洞眼。折叠剪纸可以剪出方形、圆形等各种形状的作品，下面介绍几种折叠剪纸的方法。

剪纸艺术：
折叠剪纸

1. 对折剪纸

（1）将正方形的纸对边折（图2-2-41）。

（2）以折线为中心，画出图案的一半（图2-2-42）。

（3）剪切。剪切时可以调整线条的走向和外形，让线条更加流畅（图2-2-43）。

（4）展开（图2-2-44）。用对折剪纸的方式可以剪出建筑物、人物、动物、植物、器具、交通工具等一切对称的东西。

作品欣赏（图2-2-45至图2-2-50）

图2-2-41　　　　图2-2-42　　　　图2-2-43　　　　图2-2-44

图2-2-45　　　　　　图2-2-46　　　　　　图2-2-47

图2-2-48　　　　　　图2-2-49　　　　　　图2-2-50

图2-2-51

图2-2-52

2. 三角剪纸

（1）将正方形的纸对边折，在折线上找出中点，如图2-2-51所示，把180°角平均分成三份，每个角60°。

（2）折叠（图2-2-52）。

（3）设计图案（图2-2-53）。

（4）沿线剪下，打开。打开的时候要小心，没有剪掉的废纸不要用手撕，拿剪刀再补剪一下（图2-2-54）。

图2-2-53

图2-2-54

作品欣赏（图2-2-55至图2-2-60）

图2-2-55

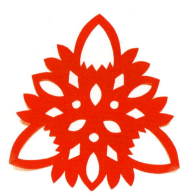

图2-2-56

图2-2-57

图2-2-58

图2-2-59

图2-2-60

3. 四角剪纸

（1）取正方形的纸，边对边对折两次（图2-2-61）。

（2）然后对角折，展开之后呈"米"字形（图2-2-62）。

（3）设计图案（图2-2-63）。

（4）沿线剪下，展开（图2-2-64）。

作品欣赏（图2-2-65至图2-2-68）

剪纸艺术：
对角剪纸

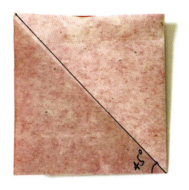

图2-2-61   图2-2-62

图2-2-63   图2-2-64

图2-2-65   图2-2-66

图2-2-67   图2-2-68

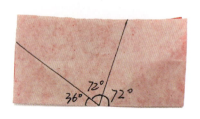

图2-2-69　　　　　　　　　　图2-2-70

图2-2-71　　　　　　图2-2-72　　　　　　图2-2-73

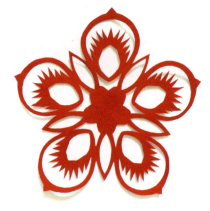

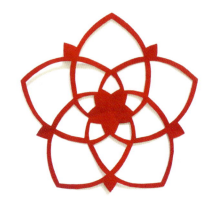

图2-2-74　　　　　　图2-2-75　　　　　　图2-2-76

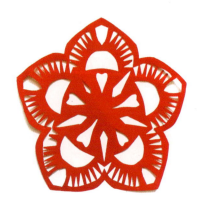

图2-2-77　　　　　图2-2-78

4. 五角剪纸

（1）取正方形纸对折，在折线上找出中点，把180°角平均分成五份，从左至右依次画出36°、72°、72°折线（图2-2-69）。

（2）把纸从右向左折到36°的位置，两条线重合（图2-2-70）。

（3）再从右向左折一次（图2-2-71）。

（4）把剩下的一份向后折回去（图2-2-72）。

（5）设计图案（图2-2-73、图2-2-75）。

（6）沿线剪下，展开（图2-2-74、图2-2-76）。

作品欣赏（图2-2-77至图2-2-82）

图2-2-79

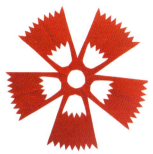
图2-2-80

图2-2-81

图2-2-82

5. 二方连续剪纸

（1）取长条形的纸，连续对折（图2-2-83、图2-2-84）。

（2）以完整的一条边为中轴线，画出图案的一半，在另一边留出连接点来。把要剪掉的部分画上阴影线（图2-2-85）。

图2-2-83　　图2-2-84　　图2-2-85

（3）剪出图案，展开（图2-2-86）。

作品欣赏（图2-2-87至图2-2-89）

图2-2-86

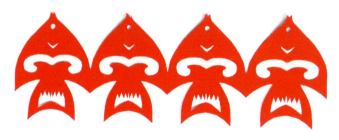
图2-2-87

图2-2-88

图2-2-89

剪纸艺术：
二方连续
图案

6. 团花剪纸

团花剪纸是在三角、四角、五角剪纸的基础上分别再折叠一次，剪出来的就是六角、八角十角团花。团花剪纸，因为折叠层数较多，一定要选择大而薄的纸，合理安排图案，花纹要疏密有致、层次分明，线条粗细得当。

（1）六角团花（图2-2-90至图2-2-93）

图2-2-90　　　　　　　图2-2-91　　　　　　　图2-2-92　　　　　　　图2-2-93

（2）八角团花（图2-2-94至图2-2-97）

图2-2-94　　　　　　　图2-2-95　　　　　　　图2-2-96　　　　　　　图2-2-97

作品欣赏（图2-2-98至图2-2-105）

图2-2-98　　　　图2-2-99　　　　　　　图2-2-100　　　　　　　图2-2-101

图 2-2-102　　　　　　　图 2-2-103　　　　　　　图 2-2-104　　　　　　　图 2-2-105

（三）刻纸

刻纸是剪纸的一种，是用刻刀进行造型。刻纸用纸比较广泛，既可以用剪纸用的纸，也可以用卡纸、海绵纸等其他较厚的纸张。主要工具有刻刀、垫板、玻璃板、蜡盘、三夹板、打眼的冲子等。

刻纸往往是和剪纸结合进行的，一些比较复杂而细小的纹样，剪刀不容易操作，就可以用刻刀代替。刻纸往往会同时刻好几层，比较厚，所以刻的时候要注意如下几个要点。

（1）要把纸的四边分别固定在一起。

（2）刻纸的时候，要遵循先内后外、先细后粗、先小后大的顺序进行，以免刻断。

（3）下刀时，一般是从线的顶尖开始入手，不能从线的中间开始刻，以免线条衔接不好，不流畅。

（4）全部刻完之后，拿起作品先用手轻轻抖一抖，把刻下来的纸屑抖掉，然后用嘴吹一吹，把细小的纸屑吹掉。遇到没有完全刻下来的纸屑，不要用手抠，以免破坏线条，可以拿剪刀或刻刀轻轻再补一刀（图 2-2-106、图 2-2-107）。

注：图 2-2-77 至图 2-2-82、图 2-2-98 至图 2-2-105 为西北工业大学顾桓吉作品。

图 2-2-106　　　　　　　　　图 2-2-107

拓展学习：

　　库淑兰（1920—2004），陕西省咸阳市旬邑县赤道乡富村人，中国民间剪纸艺术杰出的代表人物之一，中国民间工艺美术大师，被誉为"剪花娘子"。1996年，她被联合国教科文组织授予"杰出中国民间艺术大师"称号，是首位获此称号的中国人。以库淑兰为代表的彩贴剪纸已被列入国家级非物质文化遗产保护名录。库淑兰剪纸作品见图2-2-108、图2-2-109。

图2-2-108

图2-2-109

图2-2-110

图2-2-111

马蒂斯的剪纸

　　1941年，马蒂斯的肠癌手术让他无法再从轮椅上站起来，在其生命中的最后15年，马蒂斯拿起剪刀和彩纸，尝试一种新的艺术形式，这种尝试最后竟创造了一种前所未有的风格（图2-2-110至图2-2-112）。他最大限度地发挥了纯色的表现力。马蒂斯说："剪纸是至今我所发现的表达我自己的最简单最直接的方法。"

图2-2-112

项目三　撕　　纸

撕纸，类似于剪纸又有别于剪纸，是现代艺术爱好者独创的一种艺术形式，它形式自由、不拘于材料，只要是能够手撕的纸品都可用于创作，如报纸、宣传纸、画报、卫生纸、打印纸、包装纸等。幼儿学习撕纸，能训练幼儿手指的灵活性，撕纸能让幼儿初步认识到自己有改变外界环境的能力，从中得到乐趣，同时也训练了幼儿手、眼之间的协调，促进幼儿脑功能的健全与成熟。

一、撕纸画创作原则

（1）撕纸画创作重在趣味性和创意思维表现，它能表达作者真实的思想感情，具有直接性和单纯性（图2-3-1至图2-3-5）。

（2）撕纸画要表现一定的造型能力，不求真而求神似，形象造型稚拙可爱、耐人寻味（图2-3-6、图2-3-7）。

图2-3-1

图2-3-2

图2-3-3

图2-3-4

图2-3-5

图2-3-6

图2-3-7

图2-3-8

图2-3-9

图2-3-10

（3）撕纸画在色彩搭配上要和谐统一，既要顾全整体色彩关系，又要能通过色彩的明暗、冷暖、色调等表现图案与背景的关系。要多加利用纸张本身的色彩，运用色彩构成的方法塑造形象（图2-3-8至图2-3-13）。

图2-3-11

图2-3-12

（4）点、线、面造型三要素在画面中穿插使用，会使画面效果更丰富，也更易于细节的表现。针对画面需要，也可把纸张进行二次加工，再进行粘贴（图2-3-14至图2-3-17）。

图2-3-13

图2-3-14

图2-3-15

图2-3-16

图2-3-17

二、撕纸的分类

纸材料制作：撕纸拼贴

撕纸画创作，首先要设计图样，再在底稿上画出，然后根据图样的形状和色彩找合适的纸张进行加工，逐步制作完成。

（一）折叠撕纸

折叠撕纸的方法类似于剪纸中的对折剪纸、三角剪纸、四角剪纸、菱形折纸等。与折叠剪纸不同的是：撕纸不借助剪刀等工具，只通过手撕来完成作品，所以纸张要薄、折叠次数要少；由于不使用剪刀等工具，撕纸的图案设计不能太精细，图案要更为概括，线条要更为简练，外形要更为完整；撕纸作品随意性更大，创作更自由，线条毛边的感觉更能增添作品的艺术性和趣味性。

1. 对折撕纸

（1）取一张正方形的纸，最好选用稍微薄一点的、专门用于折纸的纸（图2-3-18）。

（2）对折后，在中轴线的一侧画上蝴蝶图案的一半（图2-3-19）。

（3）沿线把图案撕下来，撕的时候，用左手大拇指的指甲按住线条，右手慢慢撕纸，边撕边移动指甲，这样撕的纸比较整齐，撕下的图案比较完整，与整张纸形成图与底的关系（图2-3-20）。

（4）完成图（图2-3-21）。

2. 三角撕纸

（1）取一张正方形的纸（图2-3-22）。

（2）对折后，在中轴线上找出中间点，并把180°角平均分成三份（图2-3-23）。

图2-3-18　　　　　　　　图2-3-19

图2-3-20　　　　　　　　图2-3-21

图2-3-22　　　　　　　　图2-3-23

图2-3-24　　　　　　　图2-3-25

图2-3-26　　　　　　　图2-3-27

图2-3-28　　　　　　　图2-3-29

图2-3-30　　　　　　　图2-3-31

图2-3-32　　　　　　　图2-3-33

（3）沿线折叠后，画出图案，把要剪掉的部分画上阴影线（图2-3-24）。

（4）完成图（图2-3-25）。

3. 四角撕纸

（1）取一张正方形的纸，三次角对称折叠后，打开是"米"字形（图2-3-26）。

（2）三次角对称折叠后，画上图案，要撕掉的部分画上阴影线（图2-3-27）。

（3）沿线撕下图案，撕的时候，两个大拇指指甲边按边撕（图2-3-28）。

（4）完成图（图2-3-29）。

4. 菱形撕纸

（1）取一张正方形的纸进行对角折（图2-3-30）。

（2）再次对角折（图2-3-31）。

（3）在折好的纸上画上图案（图2-3-32）。

（4）完成图（图2-3-33）。

（二）拼贴组合撕纸

拼贴组合撕纸，是将复杂的图案按照结构进行分解，通过层层叠压形成遮挡的关系，形与形之间具有一定的联系，在人物、动物的拼贴画中经常用到。

拼贴组合撕纸制作步骤如下。

（1）准备好手工折纸材料和彩色打印纸（图2-3-34）。

（2）设计图稿，标注所需要的颜色（图2-3-35）。

（3）撕出狮子的每一部分，头部可以用对折的撕法（图2-3-36）。

（4）用手工白胶，从身体和头部开始粘贴（图2-3-37）。

（5）层层叠压，逐步粘贴剩下的部分（图2-3-38）。

（6）全部粘贴完以后，用马克笔添加鼻子、胡子等细节，完成（图2-3-39）。

（三）自由拼贴撕纸

自由拼贴撕纸手法多样，一般是用点和线的聚合手法形成一个面，在画面上形成斑驳的效果，类似于点彩派大师的绘画作品。材料的使用也更为广泛，大多数的纸可以应用于自由拼贴（图2-3-40）。纸的造型除了平面粘贴之外，还可以做半立体浮雕造型，让画面更具有趣味性和立体感。

图2-3-34

图2-3-35

图2-3-36

图2-3-37

图2-3-38

图2-3-39

图2-3-40

图2-3-41

图2-3-42

图2-3-43

图2-3-44

图2-3-45

图2-3-46

图2-3-47

图2-3-48

图2-3-49

图2-3-50

自由拼贴撕纸制作步骤如下。

（1）画出绣球花的草图，标注各部分的用色（图2-3-41）。

（2）根据设计图，选择合适的纸张，这里用的是挂历纸、彩色打印纸、卡纸等。

（3）用对折撕纸法撕出花瓣（图2-3-42）。

（4）用深粉色卡纸撕出花朵的底色（图2-3-43）。

（5）选择挂历纸的绿色调部分，撕出叶片（图2-3-44）。

（6）选择挂历纸咖啡色部分，撕出花盆和树枝（图2-3-45）。

（7）用蓝色卡纸做底色，把各部分摆在相应的位置上并调整构图（图2-3-46）。

（8）先粘贴花盆和树枝，再粘贴花朵的底色，花型不要太规则，花瓣和花瓣之间留缝隙（图2-3-47）。

（9）底色干透后，再粘贴花瓣，只粘贴花心部分，花瓣与花瓣相碰（图2-3-48）。

（10）用相同的方法粘贴好第二朵花，两朵花的颜色在明度上要稍微有点区别，最后再调整叶片，有些地方可以再添加（图2-3-49）。

（11）整理完成（图2-3-50）。

拓展学习：

丹麦艺术家Husk MitNavn的撕纸作品（图2-3-51至图2-3-54）

图2-3-51

图2-3-52

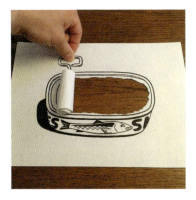
图2-3-53

图2-3-54

项目四　纸浮雕制作

一、工具和材料

制作纸浮雕需要用到彩色卡纸、瓦楞纸、包装纸、剪刀、圆头滚棒、壁纸刀、白胶、双面胶、透明胶、彩笔等各种手工辅料（图2-4-1）。

图2-4-1

图2-4-2　在长方形卡纸上做等距的折扇折　　图2-4-3　直线折叠作品

二、基本造型技法

1. 直线折叠法（图2-4-2、图2-4-3）

直线折叠法又称"风琴折叠法""扇子折叠法"，就是将手工纸正反重复折叠，折成风琴和扇子一样的效果。折叠的方法可以是一折、二折、三折、四折、多折，折叠的效果可以形成"人"形、"N"形、"M"形等。通过反复折叠，纸的结构会变得很稳固，更易于造型。

2. 编织法

我们常用的编织法是"十字"形经纬线编织。先把卡纸裁成细条，然后根据需要编织出自己喜欢的花样。用编织法做出画面的底色，能增添画面的层次感（图2-4-4至图2-4-7）。

图2-4-4　平纹编织

图2-4-5　斜纹编织

图2-4-6　用编织的手法做出热气球的效果

图2-4-7　用编织的手法做出花朵和花盆的效果

3. 剪切重构

这种构成用的是等量的方法，先将图案剪切下来，再与图底重新排列、组合成新的图案，形成"图与底"的效果（图2-4-8至图2-4-11）。

4. 卷曲法

卡纸具有易弯曲的特点，根据需要可以把卡纸卷成各种造型，表面光滑的笔、棍等圆柱形物品都可以作为卷曲的工具使用（图2-4-12至图2-4-15）。

图2-4-8　　　　　　　　　　图2-4-9

图2-4-10　　　　　　　　　图2-4-11

图2-4-12　平卷法，表现花瓣、头发的效果　　　图2-4-13　自由剪切、卷曲，表现草叶

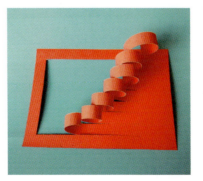

图2-4-14　有规律、渐变的平卷，适合表现浪花　　　图2-4-15　平卷后自然放松，捏折处理做出衍纸的效果

图2-4-16

图2-4-17

图2-4-18

图2-4-19

图2-4-20

图2-4-21

图2-4-22

图2-4-23

图2-4-24

图2-4-25

5. 压折法

压折法由草图—划线—折出纹理几个步骤完成。

（1）半立体圆环　在卡纸上画好图案，用壁纸刀沿着线轻划，注意不要刻断或割破。从圆心向边缘剪一条直线，在剪切处贴上双面胶、黏合，从圆心开始向外慢慢折出峰线和谷线（图2-4-16至图2-4-19）。

（2）树叶

如图2-4-22与图2-4-25所示的这两片树叶的做法稍有不同，可以用在不同的画面中，表现不同的画面气氛。剪出叶片，把中间的叶脉用壁纸刀划出刀痕，用铅笔杆稍微地卷曲，做出叶子的凹凸感，整理完成（图2-4-20至图2-4-25）。

6. 染色法

运用染色法时，可以根据画面的需要，选择水彩笔、油画棒、彩铅、水粉颜料、丙烯颜料等对卡纸染色（图2-4-26、图2-4-27）。

7. 边缘压折法

绲边是纸浮雕重要的造型手段，把需要造型的卡纸边缘放在左手手心最柔软处，右手执圆头滚棒（没有滚棒的话，可以用圆头的笔替代）按压卡纸边缘，慢慢向前滚动，直到边缘呈圆润的凹凸感为止。切忌用力过猛，使卡纸边缘出现折痕，一次不成功可以反复轻轻按压、滑动，直到圆润为止（图2-4-28、图2-4-29）。

8. 压花拼贴法

压花拼贴法是先用压花器压出各种形状、各种颜色的纸片，再在画面上拼贴出图案的一种方法。下面两幅图是用茶花树的枝叶做辅助材料和压花结合做成的拼贴画（图2-4-30、图2-4-31）。

图2-4-26

图2-4-27

图2-4-28

图2-4-29

图2-4-30

图2-4-31

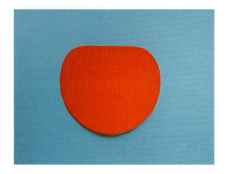

图2-4-32

图2-4-33

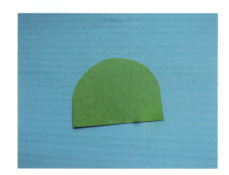

图2-4-34

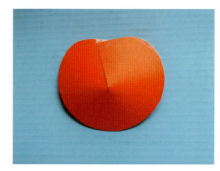

图2-4-35

图2-4-36

图2-4-37

图2-4-38

图2-4-39

三、基本制作步骤

1. 小蘑菇的制作

（1）用半立体圆环的制作方法制作菌盖（图2-4-32至图2-4-35）。

（2）用边缘压折法制作菌柄（图2-4-36至图2-4-39）。

剪贴画的制作

2. 树叶瓢虫的制作步骤（图2-4-40至图2-4-47）

图2-4-40 将泡沫球从中间切开

图2-4-41 涂色

图2-4-42 剪出所需要的材料

图2-4-43 把每一片卡纸的边缘绲边处理，使其呈凹凸状

图2-4-44、图2-4-45 将瓢虫粘贴好

图2-4-46 先将最底层的树叶粘贴到画面上

图2-4-47 在树叶上粘贴瓢虫，粘贴时注意层次压叠的关系，整理完成

纸浮雕制作：树叶瓢虫

3. 花丛的制作步骤（图2-4-48至图2-4-51）

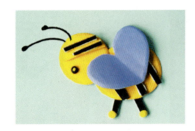

图2-4-48　粘贴蜜蜂

图2-4-49　把粘贴好的花瓣粘到
画面上

图2-4-50　把树叶粘到画面上

图2-4-51　把所有粘贴好的局部，
粘到画面上，注意画面的疏密关系
和色彩搭配

四、作品欣赏

纸浮雕作品欣赏如图2-4-52至图2-4-64。

图2-4-52

图2-4-53

图2-4-54

图2-4-55

图 2-4-56

图 2-4-57

图 2-4-58

图 2-4-59

图 2-4-60

图 2-4-61

图 2-4-62

图 2-4-63

图 2-4-64

图2-4-65

图2-4-66

五、卡片制作

卡片的制作方法多样，可以结合立体构成、纸浮雕、拼贴、绘画中的各种技法制作。制作卡片要注意如下几点。

（1）主题明确，突出卡片的功能性和气氛。比如，节日卡片要根据节日的特点突出节日气氛，婚礼请柬要有喜庆的气氛（图2-4-65、图2-4-66）。

（2）要"表里如一"。双面折叠的卡片，外皮的主题、色彩、字体、气氛、设计等要与内里相呼应，体现出整体性（图2-4-67至图2-4-70）。

图2-4-67

图2-4-68

图2-4-69

图2-4-70

（3）贺卡的设计要简练而美观，装饰切忌烦琐，否则会影响主题的表达（图2-4-71至图2-4-75）。

（4）外形多变、色调要和谐统一（图2-4-76至图2-4-78）。

图2-4-71　　　　　　　　图2-4-72　　　　　　　　图2-4-73

图2-4-74　　　　　　　　　　　　　　　　图2-4-75

图2-4-76　　　　　　　　图2-4-77　　　　　　　　图2-4-78

（5）综合运用材料，要独具匠心，有创造性（图2-4-79至图2-4-84）。

图2-4-79 春日，采用桃树和蝴蝶等季节元素设计

图2-4-80 夏日，采用海洋元素设计

图2-4-81 秋日，贴有枫叶的卡纸用麻绳连缀，拉出来是一串，像秋日落叶纷纷

图2-4-82 生日卡，采用综合材料和多种手法设计

图2-4-83 生日卡，把礼品盒上的蝴蝶结移到花上，有"借景"创意

图2-4-84 主题卡，用盛开的花朵替代蜗牛圆形的贝壳

项目五 立体纸工制作

一、帽子的做法

（一）工具和材料

工具：剪刀、双面胶、白胶等。

材料：卡纸、一次性纸杯、纸碗等。

（二）帽子的制作步骤

帽子的制作步骤见图
2-5-1至图2-5-13。

图2-5-1　在卡纸上裁1/4圆，留出
1 cm粘贴边

图2-5-2　贴上双面胶，把卡纸卷成
圆锥形

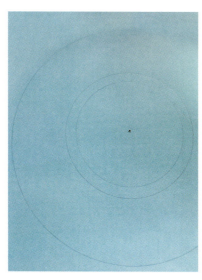

图2-5-3、图2-5-4　把卷好的圆锥放在另一张卡纸上，沿边画圆形，向外扩
展1 cm画同心圆，再向外扩展5~10 cm画同心圆作帽檐，帽檐宽度自由决定

图2-5-5　剪出离圆心最近的圆形，
把剩下同心圆的内接粘贴边剪成流苏
状并把帽檐切开

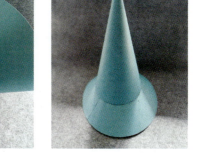

图2-5-6、图2-5-7　把帽檐卷起来，套到帽子里确定帽
檐的长度，留出粘贴边，把多余的剪掉

图2-5-8、图2-5-9　在粘贴边上抹上胶，黏接完成

图2-5-10至图2-5-12 蝴蝶结的做法：用卡纸裁剪圆弧形纸条，圈起来之后用订书机固定，加上垂带

图2-5-13 将蝴蝶结粘在帽子上，并装饰帽檐，制作完成

除了卡纸之外，圆口的一次性纸杯、纸碗、塑料瓶、酸奶杯等都可以加上帽檐做成帽子（图2-5-14、图2-5-15）。

图2-5-14   图2-5-15

（三）作品欣赏（图2-5-16至图2-5-24）

图2-5-16

图2-5-17

图2-5-18

图2-5-19

图2-5-20

图2-5-21

图2-5-22

图2-5-23

图2-5-24

二、卡纸立体插接

（一）围合插接

围合插接的步骤见图2-5-25至图2-5-31。

图2-5-25、图2-5-26　将正方形纸对折之后画出图案，剪出8只相同的蝴蝶，并在蝴蝶的对折边垂直剪出一道口

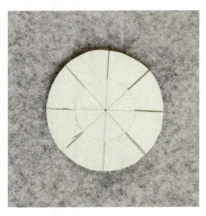

图2-5-27、图2-5-28　用卡纸剪一个圆片，圆的半径的一半等于蝴蝶切口的长度，画米字格，把半径的一半剪开

图2-5-29至图2-5-31　将蝴蝶的两个翅膀分别插入切口，将剩下的蝴蝶依次插进切口，整理完成

（二）插接球的制作

1. 球体插接的基本步骤——四边形六面插接（图2-5-32至图2-5-35）

图2-5-32　在卡纸上画正方形，中间做切割掀折，每边画出半圆，在半圆上切一刀至一半

图2-5-33　将6片做相同的处理

图2-5-34　将两片的半圆在切口处插接

图2-5-35　将6片按照相同的方式插接完成

2. 三角形四面插接、六面插接、八面插接、十二面插接

在圆片中画出等边三角形，在每条边上找出中心点，顺时针剪开线的一半，依次插接（图2-5-36至图2-5-40）。

图2-5-36　在圆片中画出等边三角形

图2-5-37　四面插接

构成基础：二十面体插接

图2-5-38 六面插接

图2-5-39 八面插接

图2-5-40 十二面插接

（三）作品欣赏（图2-5-41至图2-5-46）

图2-5-41

图2-5-42

图2-5-43

图2-5-44

图2-5-45

图2-5-46

三、立体卡片的制作

（1）用正方形的纸，中心对称三折，用模板在纸上画出圆弧线，剪下来打开是一片八瓣花瓣，一共剪七片花瓣（一片红色花瓣，其余为粉色和白色的）（图2-5-47）。

（2）取一片花瓣，剪下其中的一瓣（图2-5-48）。

（3）将剪口的两瓣花瓣重合粘在一起，变成六瓣花瓣（图2-5-49）。

（4）把红色的花瓣作为中心花瓣，将双面胶贴在其中一片粉色花瓣的上半部分，和粉色花瓣粘在一起（图2-5-50）。

（5）再粘上一片白色花瓣（图2-5-51）。

（6）将六片粉、白色花瓣都粘在红色花瓣上，将相邻的两片花瓣也粘在一起。这样的话，每片花瓣有三瓣是与其他花瓣粘在一起的，剩下的不粘（图2-5-52、图2-5-53）。

（7）把花折叠起来放在贺卡上用双面胶固定（图2-5-54）。

（8）加上叶子，立体贺卡制作完成（图2-5-55）。

图2-5-47

图2-5-48

图2-5-49

图2-5-50

图2-5-51

图2-5-52

图2-5-53

图2-5-54

图2-5-55

四、作品欣赏

纸材料综合制作作品欣赏见图2-5-56至图2-5-66。

图2-5-56

图2-5-57

图2-5-58

图2-5-59

图2-5-60

图2-5-61

图2-5-62

图2-5-63

图2-5-64

图2-5-65　　　　　　　　　　　　　图2-5-66

项目六　瓦楞纸应用

一、工具和材料

瓦楞纸制作用到的工具和材料有：剪刀、手工白乳胶、直尺、各色瓦楞纸、辅助材料（图2-6-1）。

图2-6-1　材料和工具

图2-6-2　设计好图案，把瓦楞纸的各个部分按图裁好，卷成卷

图2-6-3　用白色雪点纸或白色瓦楞纸把四个部分卷在一起

图2-6-4　在最外层加一层深色纸

图2-6-5　组合完成

二、基本技法和步骤

瓦楞纸的做法非常简单，常用的技法有卷、剪、折、绕。根据瓦楞纸易弯曲的特点，可以做出很多好看的造型。常见的瓦楞纸造型有两种。

（一）平面造型

瓦楞纸的平面造型如图2-6-2至图2-6-5所示寿司的制作。

纸材料制作：瓦楞纸应用

图2-6-6　画出简单草图，剪出每个部分的用料。红色圆盘用4条长70 cm、宽1 cm的瓦楞纸紧紧卷成，卷成后直径是5.5 cm。苹果叶子用长50 cm、宽1 cm的绿色瓦楞纸松松地卷成，便于捏扁造型。苹果把用料为长6 cm、宽4 cm的绿色瓦楞纸，紧紧卷成细条状，用白胶粘贴牢

图2-6-7　双手捏着圆盘，大拇指轻轻地由中心向外推，呈一个碗状

（二）立体造型

立体造型是在平面造型的基础上，根据要求推拉出各种形状，再把每个形状分别用胶固定，然后组合完成并添加小装饰（图2-6-6至图2-6-14）。

图2-6-8　向外推的时候用力要均匀，并根据需要决定圆顶的高度

图2-6-9　在内部涂白胶固定，防止变形

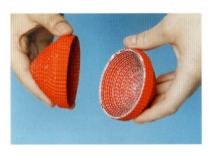

图2-6-10　在接口处涂胶，稍微晾干

图2-6-11　将两个半圆体对接在一起，黏合

图2-6-12　剪一段1 cm宽的细条，抹上胶，将接缝处粘住

图2-6-13　把绿色圆盘捏成叶子的形状，与苹果把黏合在一起

图2-6-14　把苹果和叶子组合起来，完成作品

三、作品欣赏

瓦楞纸作品欣赏见图2-6-15至图2-6-35。

图2-6-15

图2-6-16

图2-6-17

图2-6-18

图2-6-19

图2-6-20

图2-6-21

图2-6-22

图 2-6-23

图 2-6-24

图 2-6-25

图 2-6-26

图 2-6-27

图 2-6-28

图 2-6-29

图 2-6-30

图2-6-31

图2-6-32

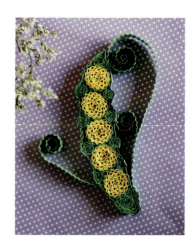

图2-6-33

瓦楞纸制
作：菊花

图2-6-34

图2-6-35

项目七 纸艺花制作

纸艺花的做法很多，可用的材料有硬皱纹纸、软皱纹纸、纸藤、手揉纸、包装纸等。花的造型方式分为单瓣造型和复瓣造型，单瓣造型如马蹄莲，复瓣造型如牡丹、玫瑰、蔷薇、雏菊、向日葵等。在制作的时候可以多观察真花的形态，把复杂的形态概念化。

一、工具和材料

图2-7-1 工具和材料

制作纸艺花的工具和材料有花秆、细铁丝、皱纹纸、纸藤、包装纸、纸胶带、双面胶、白胶、拉花（图2-7-1）。

二、纸艺花制作步骤

（一）多瓣围合式花的制作

1. 玫瑰花的制作步骤（图2-7-2至图2-7-17）

图2-7-2　剪8片皱纹纸，每片宽5 cm，长8 cm

图2-7-3　用花秆或锥子从一端开始卷，卷到2/3处，向中间挤压

图2-7-4　把8片花瓣全部卷好

图2-7-5　两个大拇指并拢，放在花瓣的中下部，向外轻轻抻拉

图2-7-6　抻拉完后，整理一下花瓣的卷曲部分，使它更加自然

图2-7-7　在花秆一端粘上双面胶，从花瓣的一侧开始卷

图2-7-8　卷好后，用细铁丝勒住

图2-7-9　第二片花瓣，从第一片花瓣相对的方向粘贴

图2-7-10　用细铁丝绑住

图2-7-11　剩下的6片花瓣，用两两相对的方法依次粘好

图2-7-12　剪出一大一小两对叶子

图2-7-13　用绿胶带从花朵的蒂部开始向下缠

图2-7-14　在大约5 cm的地方加第
一片叶子

图2-7-15　在4片叶子都加上后，把
叶子轻轻向外抻拉

图2-7-16　玫瑰花完成

图2-7-17　花伴书香，可用于各种
场所的装饰

2. 茉莉花的制作步骤（图2-7-18至图2-7-23）

图2-7-18　剪6条长15 cm宽2 cm
的长条

图2-7-19　从中间扭转360°后重
合，用大拇指抻拉花瓣的上半部
分，下部向中间挤压

图2-7-20　剪1 cm宽的黄色纸缠
在花秆的一端，放在花瓣的中间，
捏紧

图2-7-21　将6片花瓣两两相对
捏合在一起　　　　图2-7-22　用扎带扎紧根部　　　　图2-7-23　用绿胶带缠紧根部，
　　　　　　　　　　　　　　　　　　　　　　　　　　　　　　加花叶，完成

3. 剑兰的制作步骤（图2-7-24至图2-7-41）

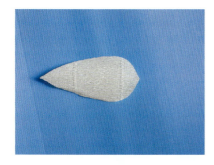

图2-7-24　剪出6片水滴形花瓣　　　图2-7-25　用花秆卷花瓣的一侧　　　图2-7-26　卷好后向中间挤压

图2-7-27　将花瓣的另一侧也卷好，　图2-7-28　把花瓣的中间向两边轻　　图2-7-29　在花秆上粘上花心
向中间挤压　　　　　　　　　　　轻抽拉，成一个弧形

图2-7-30　把花心放在花瓣的中间　　图2-7-31　将6片花瓣依次粘到花　　图2-7-32　加上两片剪好的叶子
位置　　　　　　　　　　　　　　秆上

图2-7-33　用绿胶带固定在花秆上

图2-7-34　用一块皱纹纸包住花秆的一端，做成花苞

图2-7-35　剪两片花苞的叶子，比盛开的花朵的叶子稍微小一点

图2-7-36　将花苞置于叶子的中间位置

图2-7-37　用双面胶粘住

图2-7-38　把另一片叶子粘在相对的位置上

纸艺花制作：剑兰

纸艺花制作：百合花

图2-7-39　花苞制作完成

图2-7-40　将花朵和花苞用绿胶带缠在一起

图2-7-41　剑兰制作完成

（二）多层重叠式花的制作

1. 康乃馨的制作步骤（图2-7-42至图2-7-55）

图2-7-42　用纸藤剪10片正方形纸片

图2-7-43　如图所示，折成"米"字形

图2-7-44　把边修剪成弧形，剪锯齿形，并在中间位置剪一刀

图2-7-45　伸展开后，把每一片花瓣扭一下

图2-7-46　在花杆一端缠双面胶，把第一片花瓣串上后向中间收拢，粘住

图2-7-47　把10片花瓣依次串上

图2-7-48　花形基本形成

图2-7-49　取一张纸巾，对折

图2-7-50　用对折好的纸巾紧紧缠在花朵的下面

图2-7-51　用绿胶带从花的蒂部开始紧缠

图2-7-52　边缠边整理、形状要圆润、美观

图2-7-55　花朵制作完成

图2-7-53　剪出两对细长的叶子，用绿胶带固定在花秆上

图2-7-54　把叶片轻轻向两边抻拉

纸艺花制作：康乃馨

2. 风信子的制作步骤（图2-7-56至图2-7-65）

图2-7-56　准备好5 cm²、4.5 cm²、4 cm²的皱纹纸3组，每组6~8片；花秆1根、绿色纸胶带、双面胶

图2-7-57　把纸折叠3次后，成"米"字形

图2-7-58　在每一片花瓣中间剪开2/3

图2-7-59　展开后是16瓣

图2-7-60　将每一片花瓣扭转180°，使花瓣变得灵动

图2-7-61　在花秆的一头缠上2 cm的双面胶

图2-7-62　把一片最小的花瓣穿在花秆上，压紧粘牢

图2-7-63　把剩余的花瓣，按照从小到大的顺序穿到花秆上

图2-7-64　用对称剪纸的方法剪两片叶子

图2-7-65　用绿胶带从花瓣根部开始缠，一直缠到花秆最末端，在花秆合适的位置粘上叶子，完成

纸艺花制作：风信子

3. 牡丹花的制作步骤（图2-7-66至图2-7-81）

图2-7-66 准备好8~10张面巾纸

图2-7-67 将每张纸剪成正方形后，三折

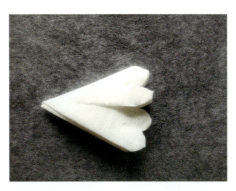

图2-7-68、图2-7-69 将折好的面巾纸剪成花瓣形，在每一片花瓣中间剪开一半，中间剪一个小孔，展开后是16瓣

图2-7-70 取一张和面巾纸等大的黄色皱纹纸，对折后剪成流苏状，缠在花秆上

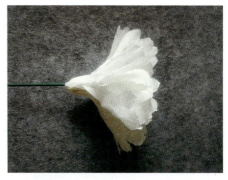
图2-7-71 取2~3片花瓣穿在花秆上，底部紧紧包住花蕊

图2-7-72 把所有的花瓣都穿到花秆上，底部用线绳扎紧

图2-7-73 用对称剪纸法剪出衬叶，缠上双面胶

图2-7-74 把衬叶缠在花朵底部，握紧

图2-7-75　剪出两片叶子，注意叶子的形状，要贴近真实的牡丹花叶子

图2-7-76　从花朵底部开始缠绿胶带，包住花萼，向下缠七八厘米开始加花叶，花叶一上一下相对摆放

图2-7-77　把花朵拍一拍，让它变得蓬松，完成

图2-7-78至图2-7-81　白色餐巾纸花做好后，也可以用颜色点染。经常用到的颜料有水粉画、水彩画和国画颜料。染色时，既可以先染花瓣再组装花朵，也可以做好花以后，用棉棒蘸颜色点染花瓣的边缘

4. 大丽花的制作步骤

（图2-7-82至图2-7-89）

图2-7-82　准备好折纸专用纸或打印纸

图2-7-83　把正方形的纸四折，展开后是16个瓣

图2-7-84、图2-7-85　把顶部剪成尖瓣状，打开

图2-7-86　把绿纸折叠后剪成流苏状，在花秆一头缠上双面胶

图2-7-87　将绿纸卷在花秆上，做成花蕊

图2-7-88　用对折法剪出圆形的叶子

图2-7-89　把花瓣一片片穿到花秆上，用绿胶带缠紧，完成

（三）缠绕式花的制作

1. 风信子的制作步骤（图2-7-90至图2-7-93）

图2-7-90　准备好手揉纸，粉色手揉纸长40 cm、宽10 cm，绿色手揉纸长20 cm、宽10 cm

图2-7-91　把粉色手揉纸和绿色手揉纸分别对折后，剪成流苏状，用粗点的笔杆卷流苏，让流苏变得蜷曲，用深绿色纸卷成花秆

图2-7-92　在花秆的一头缠上1 cm的双面胶，把粉色手揉纸缠在花秆上，做成花瓣

图2-7-93　把绿色手揉纸缠在粉色花瓣底下，完成

图2-7-94　准备好软皱纹纸，剪成 30 cm×20 cm的长方形，剪4片

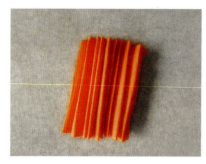

图2-7-95　把纸对折后，进行直线折叠

2. 牡丹花的制作步骤
（图2-7-94至图2-7-100）

图2-7-96　把花瓣剪开，一头剪成连续的圆弧形

图2-7-97　把花瓣底部收紧备用，用黄色软皱纹纸剪成流苏状做花蕊用

图2-7-98　把花蕊卷起来，底部缠紧

图2-7-99　把花蕊放在中间，花瓣折皱起来后围放在花蕊四周，底部扎紧

图2-7-100　加上花叶，完成

3. 荷花的制作步骤（图 2-7-101至图2-7-110）

图2-7-101　准备好白色皱纹纸和黄色皱纹纸，白色皱纹纸长25 cm、宽25 cm，黄色皱纹纸长20 cm、宽7 cm

图2-7-102　把白色皱纹纸剪成2 cm宽的长条，底部相连，留2 cm不剪，把黄色皱纹纸剪成流苏状，捻成细条

图2-7-103　把长条的中间部位扭转360°后，上下重叠，把花瓣的上半部分用手向外抻拉，变成圆弧状

图2-7-104　把所有的花瓣都这样做一遍

图2-7-105　把花蕊缠到花秆上，用双面胶粘住

图2-7-106　把花蕊放到花瓣的中间部位，缠在花秆上

图2-7-107　缠花瓣时，注意调整花瓣的位置，外围的花瓣在内圈两片花瓣的中间，呈"品"字形

图2-7-108　用对折剪纸法剪出花叶

图2-7-109　用绿胶带把花叶缠在花朵上

图2-7-110　把花瓣向下掰开，调整花瓣的位置，让它呈开放的状态

图2-7-111　准备好黄色皱纹纸和白色皱纹纸，把黄色皱纹纸对折后剪成流苏状，把白色皱纹纸剪成1 cm宽的长条，头部剪成圆弧，底部相连

图2-7-112　把黄色流苏缠在花秆上，做成花蕊

4. 小白菊的制作步骤

（图2-7-111至图2-7-114）

图2-7-113　把白色花瓣缠在花蕊外围，用双面胶粘住

图2-7-114　调整好花瓣的位置，花瓣距离均匀地围在花蕊周边，完成

图2-7-115

图2-7-116

三、作品欣赏

花艺作品欣赏见图2-7-115至图2-7-122。

图2-7-117

图2-7-118

图2-7-119

图2-7-120

图2-7-121

图2-7-122

项目八　面具和头饰制作

　　面具和头饰主要应用于角色扮演中。面具采用遮住面部、眼部镂空的制作形式；头饰戴在前额，采用不遮住面部的制作形式。

一、材料

　　材料的使用多样化，可以用卡纸、布料、海绵纸、废旧材料、动物的羽毛、松紧带、子母扣、按扣等，其中不织布和海绵纸比较柔韧结实，便于重复使用，更适合制作面具。

二、面具制作

（一）面部的比例

平面面具要遮住整个面部或面部的上半部分，制作时首先要确定面部的大小，过大或过小都不合适。人的五官比例可以称为"三庭五眼"，"三庭"指的是从发际线到眉毛、从眉毛到鼻底、从鼻底到下巴的长度各占脸长的1/3，"五眼"是以一只眼睛的长度为单位，将脸宽平均分为五份。儿童眼睛的位置大概是在头的中间部位，而且眼睛相对较大，鼻子比成年人的稍短，画的时候可以先确定眼睛的位置，以此为中心向四周画（图2-8-1）。

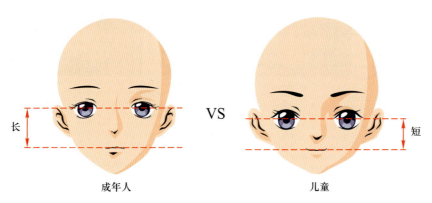

成年人　　VS　　儿童

图2-8-1

（二）平面全脸绘制面具制作

材料：卡纸、水彩笔、马克笔、打孔器、松紧带。

（1）确定面部的宽度，幼儿的面部宽度在15 cm左右，再平均分成5份，眼睛的部位可以稍微大一些，视野开阔。

（2）宽度确定后，根据"三庭"的原则，画出形象的其他部分。根据形象的特征，脸可以画得稍微长一些或者短一些，能遮住面部的大部分就可以。

（3）用马克笔勾线定稿，涂色。

（4）把眼睛部位镂空，在面具两边的中间部位打孔，穿上松紧带，完成。

平面全脸绘制面具欣赏如图2-8-2至图2-8-11。

图2-8-2　　　　图2-8-3　　　　图2-8-4

图2-8-5　　　　　　　　　图2-8-6　　　　　　　　　图2-8-7

图2-8-8　　　　　　图2-8-9　　　　　　图2-8-10　　　　　　图2-8-11

（三）半遮挡面具制作步骤（图2-8-12至图2-8-19）

1. 材料和工具

打印纸、马克笔、2 mm厚度不织布、丙烯颜料、亮珠、装饰钻、剪刀、胶枪。

示范作品用不织布制作，也可以用卡纸制作。为了使面具具有立体感，与人脸的贴合度更高，可以事先用圆棒把剪好的卡纸竖直卷一下，使它具有一定的弧度。

2. 制作步骤

图2-8-12　打版，把打印纸对折，用马克笔画出面具的一半，眼睛画得稍大一些，边缘稍长，能够包住眼睛的侧面

图2-8-13　剪出面具的模板

图2-8-14、图2-8-15　把模板放在不织布上，剪出

图2-8-16　用丙烯颜料画图案。丙烯颜料可以用水调色，附着力较强，干了以后不掉色，非常适合在布上、纸上、木材上绘画

图2-8-17　在面具上绘制图案，黄色部分呈"T"形，是整个面部的骨架，起到支撑画面的作用。在眼睛周围勾线

图2-8-18　在绘制图案的基础上，用亮珠和装饰钻继续装饰，让面具具有丰富的色彩层次，营造一种奢华感

图2-8-19　用不织布裁出长约40 cm、宽约3 cm的布条，用胶枪打胶粘到面具的两边，固定住，完成

三、头饰制作

　　头饰的制作不同于面具，因为不用考虑眼睛镂空的位置和面部的比例，所以头饰的制作更加自由。材料上可以用布料、卡纸、瓦楞纸、海绵纸，也可以用一次性纸杯、纸碗、纸盘、吸管等易于获取且操作性强的材料。形式上可以是平面绘制、半立体拼贴、立体顶饰。

（一）老虎头饰的制作步骤

1. 材料

2 mm厚度不织布（或卡纸、海绵纸）、打印纸、胶枪、魔术贴、马克笔。

2. 老虎头饰制作步骤（图2-8-20至图2-8-31）

图2-8-20　将打印纸对折后，用马克笔画出老虎头饰的一半，注意双眼间距要适度，与幼儿的双眼间距一致

图2-8-21　剪出模板，展开放在咖啡色不织布上，描出

图2-8-22　剪出老虎头饰的底布

图2-8-23　剪出老虎的唇吻部分模板

图2-8-24　剪出全部模板

图2-8-25　找相应颜色的不织布，剪出头饰的各个部分

图2-8-26　把原先的模板放在头饰底板上，描出各部分的位置

图2-8-27　用胶枪打胶进行粘贴，先从最大的部分开始

图2-8-28　把所有的部分粘好

图2-8-29　剪两条长约25 cm，宽约3 cm的带子，在一头粘上魔术贴，子母扣可以调节头围的大小　　图2-8-30　将带子的另一头粘在头饰的中部　　图2-8-31　制作完成

（二）纸盘头饰（图2-8-32至图2-8-35）

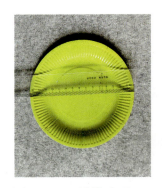   

图2-8-32　选取直径15~18 cm的纸盘　　图2-8-33　对折剪成半圆，两边打孔　　图2-8-34　在纸盘上画出西瓜图案，凡是球状的水果和蔬菜，都可以用这种方法做成头饰　　图2-8-35　剪一条长30 cm的松紧带穿进孔里，打结，把结调整至头饰的背面

四、脸谱绘制

京剧是中国五大戏曲剧种之一，被誉为中国国粹。位列中国戏曲三鼎甲"榜首"，是国家级非物质文化遗产，被列入联合国教科文组织非物质文化遗产名录（名册）人类非物质文化遗产代表作名录。京剧脸谱是京剧演员面部化妆图案，是具有中国文化特色的特殊化妆方法。京剧脸谱的主要特点有：美与丑的矛盾统一，与角色的性格关系密切，其图案是程式化的。"生""旦"面部化妆叫"俊扮""素面""洁面"，"净行"与"丑行"面部绘画复杂，称为"花脸"。该艺术是中国传统文化的标识之一。

京剧脸谱上的色彩代表不同的人物性格、品行和气质。红色象征忠义、耿直、有血性，代表正派角色，如关羽；蓝色代表桀骜不驯、刚直，表现刚强、骁勇、有心计的人物性格，如窦尔墩；黑色表示勇猛或公正刚直、铁面无私，如包公，黑脸代表人物比较勇敢，表现为人直率、莽撞的武将，如张飞；白色代表阴险、多疑或刚愎自用的人物，如曹操、司马懿；绿色代表顽强、骁勇、暴躁的人物形象，占山为王的草寇类人物使用绿色脸谱，如程咬金；黄色代表骁勇、凶猛的人物，如宇文成都；紫色代表刚正、稳练、沉着稳重、忠义厚道的人物，如专诸；金色和银色代表威武、庄严，多用于神怪的脸谱，如杨戬（二郎神）（图2-8-36至图2-8-39）。

图2-8-36

图2-8-37

图2-8-38

图2-8-39

图2-8-40

图2-8-41

（一）工具和材料

制作脸谱的主要材料有空白纸模、废旧的牛奶桶、洗衣液桶、葫芦等，工具有铅笔、水粉画笔、马克笔、勾线笔、水粉颜料、丙烯颜料、色粉笔等（图2-8-40、图2-8-41）。

（二）制作步骤（图2-8-42至图2-8-45）

（1）起稿。起稿时先确定画面的中轴线，然后用"三庭五眼"法确定额头、鼻子、眼睛、嘴和下巴的位置（图2-8-1），再根据人物性格画出面部花纹。有些模具已经画好花纹，直接上色就可以。

（2）调色、上色。水粉和丙烯颜料都需要用水调色后使用，水不能太多，能让笔顺畅地运行就可以；上色的顺序一般自上而下，从左到右，先涂大面积的颜色再画细节部分。

（3）用笔。由于色与色之间需要有明确的分界线，所以颜色的边缘一定要清晰、顺滑，不能歪歪扭扭呈波浪状或锯齿状，使用画笔涂色时，利用笔的边缘用拖笔的方法绘制。一些细小的地方，可以用马克笔完成。

图2-8-42

图2-8-43

图2-8-44

图2-8-45

（三）马勺脸谱

除了京剧脸谱之外，马勺脸谱也是我国传统文化之一。陕西省宝鸡市凤翔县的马勺脸谱文化非常具有特色，绘制过程与京剧脸谱一样。马勺原本是先民的一种生活用具，以优质的桐木、桃木等作为原料，通过手工一刀一刀精雕细刻而成。马勺脸谱是由民间社火脸谱演化而来，其文化背景可以追溯到商周时期。经过现代民间手工艺者的传承和发扬，马勺脸谱已成为典型的民俗文化代表。

马勺脸谱的图案内容多取自"封神榜"等民间传说中具有法力和正义的人物的造型，其寓意为镇宅、辟邪、驱赶寂寞冷清，表现人们祈福纳祥的美好愿望。勾画、涂色注重眉、眼、嘴的装饰，它从人物的性格和容貌特征出发，以夸张的手法描画五官的部位和肤色，进而突出表现各类人物的内心本质，强调色彩对比，色彩具有强烈的象征性，比如，红为忠白为奸，绿侠野，草莽蓝，黑为真，青勇敢，金银二色鬼审判。马勺脸谱色彩绚丽，古朴淳厚，简括奇特，笔法写意（图2-8-46至图2-8-51）。

图2-8-46

图2-8-47

图2-8-48

图2-8-49

图2-8-50

图2-8-51

拓展训练

1. 熟练掌握剪纸、撕纸的各种技法和步骤，如对折剪纸、团花剪纸；根据民间故事剪出成套的具有民族风格的剪纸作品；用白色宣纸和特种纸剪出图案后染色。

2. 练习折动物、花卉；还可以与剪纸相结合，折出可以站立的动物造型。

3. 熟练掌握卡纸的造型手法，做不同主题的贴纸作品和立体造型，用于教室布置和环境创设。

4. 用瓦楞纸制作动植物、人物、果蔬造型，可以加入辅助材料。

5. 在纸艺花的制作中，学会分类制作，训练举一反三的能力，如玫瑰、牡丹、芍药等多花瓣中心包围花型的制作，康乃馨、风信子、喇叭花等串式花型的制作；延伸课堂，让学生自己去花店观摩包花和插花的过程，自己动手包花、插花。

模块三

布 艺

学习目标

1. 了解布的种类和用途、基本的针法和缝纫技巧。

2. 通过布贴画和综合材料拼贴画的制作，掌握色彩的搭配、造型的要素、画面的构图、制作的步骤和基本方法。

3. 通过不织布的学习，了解不织布材料的特点、用途和制作方法；掌握布的立体裁剪知识和缝制技巧及不织布在玩教具制作中的具体应用方法。

4. 通过袜子娃娃的制作，掌握袜子娃娃制作的一般原理和缝制方法，并能举一反三地创作出各种袜子娃娃。

5. 掌握冷染式扎染的制作技巧。

6. 通过本模块的学习，训练学生动手动脑的能力，提高学生的审美能力，使他们细致、耐心，善于观察生活，热爱生活。

项目一 布贴画制作

布贴画是利用布的颜色、文理、质感，通过剪、撕、粘的方法制作而成的装饰画，可以山水风光、动物、植物、人物活动的场景等为表现内容，具有色彩丰富、鲜艳，剪贴的边线明朗、整洁的特点。制作布贴画时应将布料的天然纹理、花纹及布的特性与作品表现的主题和风格相结合。

一、工具和材料

制作布贴画需要花边剪刀、胶枪、压花器、包装纸、瓦楞纸、卡纸、海绵纸、泡沫胶、报纸、手工白胶等工具和材料。

二、基本方法

以不织布为主的拼贴画，在技法上比较容易掌握，不需要用针线缝贴，用剪刀剪下，用双面胶、手工白胶或热熔胶按顺序粘贴即可。在选择拼贴材料的时候，尽量根据画面的样式和风格选择合适的花纹，不要考虑材料是纸还是布的问题，要抛弃固有的概念，充分发挥想象力。

三、制作步骤

（一）人物拼贴

（1）要巧妙构思，确定作品的大致样式和风格，寻找需要用到的材料。根据小女生爱美的特点，选择材料的时候以漂亮的糖果色为主，配饰上选择纽扣、钉珠、花边、纱网等，体现女孩柔美的特点（图3-1-1）。

（2）根据构思设计草图，并把草图拷贝到正式的底稿上。按照图稿在不织布上剪出小女孩的各个部分，在背面涂上白胶或者粘贴双面胶（图3-1-2）。

图3-1-1

图3-1-2

不织布制作：布贴画

图3-1-3

（3）把各个部分按照由下到上的顺序粘贴到底板上，把从彩色包装纸上剪下的蝴蝶粘贴到画面空白处，营造出浪漫的气氛。最后，在边缘粘贴一圈花边，整理完成（图3-1-3）。

（二）树的拼贴

（1）根据构思准备好材料，为了更好地表现出树的层次感，体现出活泼动人的春色，选择瓦楞纸、海绵纸、不织布、尼龙布、雪点包装纸（图3-1-4）。

（2）剪出树和背景的各个部分。在色彩搭配上，冷色调的背景与暖色调的树冠形成鲜明的对比，树干沉稳的颜色增加了树的分量感，体现出雨过之后的春意（图3-1-5）。

（3）在拼贴时，先从底色开始粘贴，各种厚薄不一、材质各异的布与纸的组合，使背景层次分明。树冠的颜色利用了对比色的撞色，在瓦楞纸的摆放上改变肌理的方向，使整棵树有了动感（图3-1-6）。

图3-1-4

图3-1-5

图3-1-6

四、作品欣赏

布贴画作品欣赏见图3-1-7至图3-1-26。

图3-1-7

图3-1-8

图3-1-9

图3-1-10

图3-1-11

图 3-1-12

图 3-1-13

图 3-1-14

图 3-1-15

图 3-1-16

图 3-1-17

图 3-1-18

图 3-1-19

图 3-1-20

图 3-1-21

图 3-1-22

图 3-1-23

图 3-1-24

图 3-1-25

图 3-1-26

项目二　不织布创意制作

一、工具和材料

不织布创意制作需要用到缝衣针、珠针、不织布、珍珠棉、纽扣、花边、各色棉线等工具和材料（图3-2-1）。

图3-2-1　材料和工具

二、不织布针法与应用

（一）基本针法

（1）平针缝：针脚短，间距小而均匀，是较常见的也是用得比较多的针法（图3-2-2）。

（2）贴布缝：用于贴布时连接图案与底布的缝法，与平针缝相比，缝完后图案更具立体感（图3-2-3）。

（3）卷边缝：常用于小物件的边缘接合，针脚均匀，扎针时与布边要有一定的斜度（图3-2-4）。

不织布基础针法

图3-2-2

图3-2-3

图3-2-4

（4）锁边缝：顾名思义，常用于封口或布料边缘的接缝，从前往后扎针，每次扎针时把线向左绕一圈（图3-2-5）。

（5）回针缝：类似于缝纫机缝出的线。在缝制过程中的入针和收针处，进行一小段回针缝，会缝得更加牢固。也可以用这种针法缝出各种图案和人物的表情（图3-2-6）。

图3-2-5

图3-2-6

（二）针法应用

（1）康乃馨布贴，花瓣用平针缝缝制，花萼、树叶的叶脉、花茎分别用回针缝缝制，简单雅致，松紧有度（图3-2-7）。

（2）水果布贴，这是布书中的一页，用平针缝缝制，简单实用，缝的时候注意露出的针脚要比间距小一点（图3-2-8）。

（3）汽车造型抽纸盒，动物和字母用的是贴布缝，显得有凹凸感，盒的四周边缘和轮子用的是锁边缝，比较结实美观（图3-2-9）。

（4）芭比的吹风机，整体是用回针缝从反面缝制，这样比较结实、不漏丝绵，从正面看也比较美观；吹风机出风口与机身的接合处用的是卷边缝，增加了结构感和肌理感，小花用的是平针缝（图3-2-10）。

图3-2-7　　　　　　　　图3-2-8　　　　　　　　图3-2-9　　　　　　　　图3-2-10

三、不织布制作步骤

不织布色彩鲜艳、布料厚实耐磨，适合做各种玩教具。水果和小点心的造型比较简洁，可以作为蛋糕上的装饰。立体裁剪制作的小玩偶也是幼儿非常喜欢的玩具，摆在活动区角里既可以装饰环境，又可以成为幼儿的玩具。在不织布制作的时候，一定要先打样板，一是能够保证形的标准和严谨，二是留着样板以后随时可以做，比较节省时间（图3-2-11）。

图3-2-11

（一）草莓的制作步骤（图3-2-12至图3-2-16）

 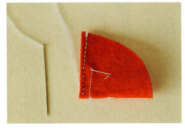 

不织布制作：草莓

图3-2-12　剪一块半径大约4 cm的半圆形不织布，钉上米珠

图3-2-13　正面对折，从反面用回针缝把半径边缝合

图3-2-14　翻到正面，用平针缝绕圆周缝一圈，并塞入珍珠棉

图3-2-15 把线抽紧，在封口处用打结的方式固定住

图3-2-16 用热熔胶或针线缝制的方法连接叶子和果实，整理完成

（二）脆笛卷的制作步骤（图3-2-17至图3-2-21）

图3-2-17 剪一块咖啡色长方形不织布，从一端卷起，要松紧适中，卷好后取针线在布卷的一端从里向外缝一针固定住

图3-2-18 用线绕一圈后，在接缝处再钉一针

图3-2-19 在布卷上缠线，距离要均匀，在末端的接缝处钉住，打结

图3-2-20 打结后，把针扎到布卷里面去，从对面穿出，拉紧，打结后剪断线，这样会藏住线头，显得精致

图3-2-21 完成品。做的时候可随意一些，粗细长短皆可，还可以用两层布或三层布一起卷

（三）蛋卷的制作步骤（图3-2-22至图3-2-33）

图3-2-22 在做之前先用卡纸打好样板①，依样板画出图样，剪下

图3-2-23 固定图样与底板

图3-2-24 用贴布缝缝好图样

---

① 打样板是个好习惯，能尽量减少误差。

图3-2-25 把边条与正面图重叠放在一起，起针

图3-2-26 用锁边缝缝合边条和缝好的图样的正面

图3-2-27 缝合到头的时候，回针钉住，修剪多余的边条。由于曲线的长度不太好量，所以一般在裁边条的时候要适当长出一些

图3-2-28 用回针缝缝合边条，形成一个圈

图3-2-29 把另一侧的边条与缝好的图样的正面进行缝合，缝之前应先用针线大针脚固定，缝出来才会端正；留口，塞入珍珠棉

图3-2-30 缝合，完成

图3-2-31 用蛋卷加上蓝莓和脆笛卷做装饰，一个巧克力蛋卷完成了

图3-2-32、图3-2-33 蛋卷与其他糕点的组合

（四）蛋糕的制作步骤（图3-2-34至图3-2-40）

图3-2-34 按照样板剪出蛋糕的每一个部分

图3-2-35 奶油花的制作：剪出6片白色长圆形不织布，重叠捏紧，并把一边缝合，然后轻轻打开

不织布制作：纸杯蛋糕

图3-2-36、图3-2-37　小蛋糕的制作：用两片一样大的圆形不织布，其中一片沿圆边平针缝，收紧，塞入珍珠棉后缝合；在另一片布的边缘，用大针脚平针缝后稍微收一下，整理出均匀的皱褶，然后把两部分缝合在一起

不织布制作：切片柠檬

图3-2-38　蛋糕的三角部分用锁边缝完成　　图3-2-39　橘子用贴布缝缝出，注意裁剪的时候每个橘瓣的尖要有向心性　　图3-2-40　组合，完成

不织布制作：足球

（五）球的制作步骤（图3-2-41至图3-2-46）

图3-2-41　剪出20片六角形和12片五角形，英文字母和数字图案若干　　图3-2-42　将字母和数字分别用贴布缝缝在六角形上　　图3-2-43　把加工好的布片用回针缝缝合

图3-2-44　留一个口翻转　　图3-2-45　翻转后塞入丝绵，注意不要塞得过多，太重会影响手感　　图3-2-46　把反口缝合，整理完成

（六）篮子的制作步骤（图3-2-47至图3-2-52）

不织布制
作：篮子

图3-2-47　将一张正方形纸两次对角折后剪出如图所示的弧度

图3-2-48　在不织布上画图稿，边缘留2 mm的缝合边

图3-2-49　裁剪出各种水果图案并缝制在不织布上，剪一块正方形的不织布缝在篮子的底部，让篮子更加挺括

图3-2-50　把篮子的四个边缘用卷边缝、锁边缝缝合起来，裁一片和表布同样大小的里布，四边用回针缝缝合后，放在里面，里外两层用线固定

图3-2-51　在篮子口用花边装饰。剪两条布，在其中一条上绣上图案，再把两条布用锁边缝缝合

图3-2-52　作品完成

四、作品欣赏

不织布创意作品欣赏见图3-2-53至图3-2-113。

图3-2-53　　　　　　　　　图3-2-54　　　　　　　　　图3-2-55

图 3-2-56

图 3-2-57

图 3-2-58

图 3-2-59

图 3-2-60

图 3-2-61

图 3-2-62

图 3-2-63

图 3-2-64

图 3-2-65

图 3-2-66　　　　　　　　　　图 3-2-67　　　　　　　　　　图 3-2-68

不织布制作：指偶

不织布制作：龙猫

图 3-2-69　　　　　　　　　　　　　图 3-2-70

图 3-2-71　　　　　　　　　　　　　图 3-2-72

图 3-2-73　　　　　　　　　　　　　图 3-2-74

图 3-2-75

图 3-2-76

图 3-2-77

图 3-2-78

图 3-2-79

图 3-2-80

图 3-2-81

图 3-2-82

图3-2-83   图3-2-84   图3-2-85

图3-2-86   图3-2-87   图3-2-88

图3-2-89   图3-2-90

图3-2-91   图3-2-92

图 3-2-93

图 3-2-94

不织布制
作：奥利
奥饼干

图 3-2-95

图 3-2-96

图 3-2-97

图 3-2-98

图 3-2-99

图 3-2-100

图 3-2-101

图 3-2-102

图 3-2-103

图 3-2-104

图 3-2-105

图 3-2-106

图 3-2-107

图 3-2-108

图 3-2-109

图 3-2-110

图 3-2-111

图 3-2-112

图 3-2-113

项目三　布娃娃制作

　　布娃娃是幼儿非常喜欢的玩具，其柔软的手感、多姿多彩的造型，给幼儿以安全感和温柔感。布娃娃也是娃娃家和游戏区常用的道具，在角色扮演中起到关键性的作用。掌握布娃娃的制作技巧，是幼儿教师必备的技能之一。

一、工具和材料

　　工具：包括剪刀、圆规、直尺、针线、熨斗等。

　　材料：能够制作布娃娃的材料有很多，如肉色皮肤布、小花布、不织布、纽扣、钉珠、花边、丝带、毛线等。新手做布娃娃，可以直接用成品娃娃坯体，给娃娃添加衣服、饰品和五官，以快速掌握做布娃娃衣服的简单技巧。

二、布娃娃衣服的制作方法

（一）穿太阳裙的兔宝宝（图3-3-1至图3-3-18）

 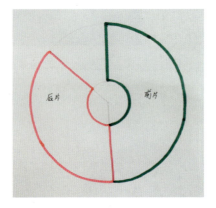 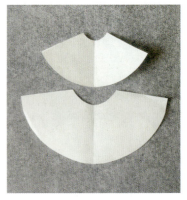

图3-3-1　用一个成品兔子宝宝坯体，分别测量出脖围，即脖子一圈的长度；裙长，即脖子到脚的长度；肩宽，即肩膀到胳臂的长度

图3-3-2　根据测量的数据，画出两个同心圆，内圆的周长为脖围，两圆间的距离为裙长。红线部分是衣服的后片，绿线部分是前片，前片有皱褶，所以要稍微长一些

图3-3-3　剪出样板

图3-3-4　根据样板剪出布片，每条边留出5 mm的缝份

图3-3-5　用回针缝缝合两片布片，肩宽处留出胳膊的出口不缝

图3-3-6　把两边都缝合好

图3-3-7　把缝好后把缝份用熨斗压平

图3-3-8　把胳膊出口的位置用平针缝固定

图3-3-9　缝好后把衣服翻到正面

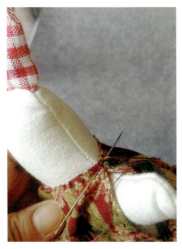

图3-3-10　把衣服套到兔宝宝身上，试试尺寸是否合适

图3-3-11　把前领口用平针缝缝一圈，抽紧

图3-3-12　用针线在肩膀处固定住

图3-3-13　剪一条花边，缝在前片上，注意缝的时候，把胸前的布褶弄均匀

图3-3-14　缝好后，在脸上用水消笔画出五官

图3-3-15　用回针缝缝上嘴巴、鼻子，钉上眼睛，缝上睫毛

图3-3-16　用细丝带系一个蝴蝶结，缝在胸口

图3-3-17　用棉棒蘸口红或腮红，点染出兔宝宝的腮红

图3-3-18　整理完成

（二）穿"A"字裙的兔宝宝（图3-3-19至图3-3-27）

图3-3-19　测量兔宝宝的脖围、胸围、裙长、袖深，用对折法剪出裙子的前片，后片的长度、宽度和前片一样，但是后领位置稍高一点，袖窝的弯度要平一些

图3-3-20　领子的裁剪方法是：分别把前后片铺在纸上，依照领口形状画出，加领宽后剪下来，然后把前后领子拼起来，前片的领子从中间剪断，修成圆弧形即可

图3-3-21　剪出裙子的各个部分

图3-3-22　领子前后片连接线的倾斜度，与肩膀的倾斜度一样

图3-3-23　在前片上缝花边和口袋

图3-3-24　在反面缝合裙子的两侧和肩膀

图3-3-25　翻到正面，用平针缝缝上领子，在缝之前，要用珠针或大针脚固定，以免缝偏

图3-3-26　缝上眼睛和嘴巴，用棉棒蘸口红涂腮红，不要一下子涂很厚，一层层淡淡地晕染，脸色会很自然

图3-3-27　用剩余的布头把脚包起来做鞋子，完成

（三）穿百褶裙的猫咪（图3-3-28至图3-3-47）

图3-3-28　准备一个成品娃娃的坯体，分别测量脖围、袖深、胸围及裙长

图3-3-29　用对折法裁剪出裙子的上半身，分前后两片，前片领口较低，袖窝弧度较大，后片领口较平，袖窝较平。两片肩宽相等

图3-3-30　将样板放在布上裁剪出来，每条边留5 mm的缝份

图3-3-31　把上衣从布的反面缝合

图3-3-32　裙摆较大，是胸围宽度的4倍，将花布裁成长条，裙长根据自己的喜好来定

图3-3-33　将裙摆的两头反面缝合，底边收边，上边用平针缝缝一圈，产生皱褶

图3-3-34　缝完后慢慢收紧，收到和上衣宽度一样

图3-3-35　将上衣和裙摆从反面缝合，注意裙摆的皱褶要均匀

图3-3-36　缝合后反过来调整一下裙形

图3-3-37　袖山比平常袖的袖山要高，弧度要大，捏出皱褶，做成蓬蓬袖

图3-3-38　从反面把袖子缝到上衣上，缝的时候从袖底的接缝分别向上缝，多余的部分在肩膀顶部捏褶

图3-3-39　袖口窝边，翻过来，衣服制作完成

图3-3-40 用水消笔画出眼睛和嘴巴的位置，钉珠并绣上眼睫毛和嘴巴，用口红轻轻晕染出腮红

图3-3-41 剪一片长方形的布做蝴蝶结，折叠后缝合，在中间的接缝处留返口

图3-3-42 剪一片和蝴蝶结同样大小的铺棉，平铺在无返口的一面，从四角向中心卷起，从返口处翻出，缝合返口

图3-3-43 把蝴蝶结由反面向正面对折，中间用针线固定

图3-3-44 将蝴蝶结两边折回来，用线捆两圈固定。剪两条丝带，一条打结，另一条两头缝合

图3-3-45 用针线或热熔胶固定丝带，完成

图3-3-46 用钩针钩出背包，或用旧毛衣做背包

图3-3-47 整理完成

项目四　袜子娃娃制作

一、材料

准备好各种花色的袜子（最好是脚后跟和脚趾处是单独颜色的袜子）、各色线、扣子、珍珠棉等辅料。

二、制作要点

1. 裁剪之前，把袜子翻到反面，整理平整之后再开始画线。

2. 选择袜子时，最好选择棉袜，质感较好，做出来的效果比较厚实，有温暖感。

3. 尽量根据玩偶的特点选择袜子的花色，斑纹条是比较常用的花色。脚后跟和脚趾处最好与整体花色有区别，易于造型。

4. 由于袜子质地较松软、易变形，所以在缝合边缘的时候尽量用回针缝，在封口处用藏针缝，在体与体连接的时候，轻轻按在一起用平针缝（具体针法参见不织布针法）。

三、制作步骤

（一）小毛驴的制作步骤（图3-4-1至图3-4-13）

图3-4-1　在袜子的反面用水消笔画好后，剪裁

图3-4-2　小毛驴的前腿用回针缝缝合，接口处不缝

图3-4-3　将腿缝合好，翻过来

图3-4-4　身体部分用回针缝缝好翻过来，塞入珍珠棉，沿边平针缝一圈

图3-4-5　抽线，留一个小口，把毛边塞入里面后，封口

图3-4-6　封口后，整理得圆润一些

图3-4-7　把头部用回针缝缝好后翻过来，塞入珍珠棉，不要塞得过饱，可边缝边塞

图3-4-8　把"U"形部分用藏针缝缝好后，在耳朵的位置塞入珍珠棉

图3-4-9　用藏针缝封口

图3-4-10　头部完成

图3-4-11　把身体的各部分，用平针缝连接起来，尾巴和身体的连接处用平针缝缝一周

图3-4-12　抽紧线后打结，剪去毛碎

图3-4-13　小毛驴制作完成

（二）海豚的制作步骤
（图3-4-14至图3-4-17）

图3-4-14　裁出海豚的基本形

图3-4-15　把袜子用回针缝从反面缝好，翻出后塞入珍珠棉，用藏针缝封口

图3-4-16　把鱼鳍缝合好

图3-4-17　组合、完成

（三）青蛙的制作步骤（图3-4-18至图3-4-25）

图3-4-18　裁出青蛙的基本形

图3-4-19　将青蛙的脚从反面缝好，翻出，用藏针缝封口

图3-4-20　塞入珍珠棉后，用平针缝以大针脚扎缝脚的前头，用力勒出凹痕，缝出脚趾的形状，封口处用平针缝缝一圈收紧

图3-4-21　将青蛙的身体和两个脚都缝好

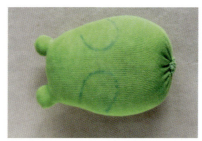

图3-4-22　在青蛙肚子的两侧用水消笔画出前腿的位置

图3-4-23　从一边起针，将线穿到另一边，用平针缝拉缝出前腿的形状。在趾端缝出脚趾的形状

图3-4-24　将两侧的前腿都缝好，缝合后腿

图3-4-25　用红色不织布剪出嘴的形状缝到青蛙的脸上，在眼睛部位缝上两颗黑扣子，完成

四、作品欣赏

袜子娃娃作品欣赏见图3-4-26至图3-4-40。

图3-4-26

图3-4-27

图3-4-28

图3-4-29

图3-4-30

图3-4-31

图3-4-32

图3-4-33

图3-4-34

图3-4-35

图3-4-36

图3-4-37

图3-4-38

图3-4-39

图3-4-40

项目五　扎　　染

一、扎染概述

扎染，古称扎缬、绞缬、夹缬和染缬，是中国民间传统而独特的染色工艺。扎染是根据设计图案的效果，通过纱、线、绳等工具，用扎、缝、缚、缀、夹等多种形式绑扎布料或衣片，放入染液中，绑扎处因染料无法渗入而形成自然特殊图案的一种印花方法。这样染出来的布料晕色丰富，变化自然，趣味无穷。这种独特的艺术效果，是机械印染工艺难以达到的（图3-5-1、图3-5-2）。

扎染起源于黄河流域，至今已有上千年历史。据记载，早在东晋时期，扎结防染的绞缬绸已经大批生产。现存最早的实物便是东晋的绞缬印花绢。当时的绞缬产品有较简单的小簇花样，如蝴蝶、蜡梅、海棠等；也有整幅图案花样，如白色小圆点的"鱼子缬"，圆点稍大的"玛瑙缬"，紫底白花斑酷似梅花鹿的"鹿胎缬"等。在南北朝时期，扎染产品被广泛用于汉族妇女的衣着中。唐代，绞缬的纺织品甚为流行、更为普遍，"青碧缬衣裙"是唐代时尚的基本式样。史载盛唐时，扎染技术传入日本等国，日本将我国的扎染工艺视作国宝，至今在日本的东大寺内，还保存着我国唐代的五彩绞缬。后经日本传入我国云南，由于云贵地区水资源丰富，气候温和，所以古老的扎染工艺在那里落户。唐贞元十六年，南诏舞队到长安献艺，所着舞衣"裙襦鸟兽草木，文以八彩杂革"即为扎染而成。北宋时期，因扎染制作复杂，耗费大量人工，朝廷曾一度明令禁止，导致扎染工艺逐渐衰落。但西南边陲的少数民族仍保留这一古老的技艺。明清至民国时期，居家扎染已十分普遍，以一家一户为主的扎染作坊密集著称的周城、喜洲等乡镇，成了名传四方的扎染中心。云南大理的白族扎染技艺及四川的自贡扎染技艺于2006年、2008年先后被列入国家级非物质文化遗产（图3-5-3）。

扎染制作工艺分为扎结和染色两部分。它是运用纱、线、绳等工具，对织物进行扎、缝、缚、缀、夹的处理后进行染色，目的是使织物被扎结部分保持原色，而未被扎结部分均匀受染，从而形成深浅不均、层次丰富的色晕和皱印，稚拙古朴，新颖别致。织物被扎得越紧越牢，防染效果越好。它既可以染成带有规则纹样的普通扎染织物，又可以染出表现具象图案的复杂构图及色彩绚丽的精美工艺品。扎染以蓝白二色为主调所构

图3-5-1

图3-5-2

图3-5-3　中国古代扎染工艺服饰

图3-5-4 扎染的天空

图3-5-5

图3-5-6

图3-5-7

成的宁静平和世界，即用青白二色的对比来营造出古朴的意蕴，且青白二色的结合往往给人以"青花瓷"般的淡雅之感，而平和与宽容更体现在扎染的"天空"中（图3-5-4、图3-5-5）。

扎染一般以棉白布或棉麻混纺白布为材料，主要染料来自由苍山上生长的蓼蓝、板蓝根、艾蒿等植物，尤其是板蓝根，制作的蓝靛溶液。以前用来染布的板蓝根是山上野生的，属多年生草本，开粉色小花，后来用量大了，人们就在山上自己种植，每年三四月间收割下来，将之泡出水，注到木制的大染缸里，掺一些石灰或工业碱，就可以用来染布。扎染的制作方法别具一格，旧籍生动地描述了扎染的工艺过程："'撷'撮采线结之，而后染色。即染，则解其结，凡结处皆原色，余则入染矣，其色斑斓。"扎染的主要步骤有画刷图案、绞扎、浸泡、染布、蒸煮、晒干、拆线、漂洗、碾布等，其中主要有扎花、浸染两道工序，技术关键是绞扎手法和染色技艺。染缸、染棒、晒架、石碾等是扎染的主要工具（图3-5-6、图3-5-7）。

扎染技法赋予面料丰富的美感，既有朴实浑厚的原始美，又有变换流动的现代美，还有中国画水墨韵味的美和神奇的朦胧美。随着科技的发展，曾经需要从植物中经多道工序萃取的染料已经用便利便宜的化学染料取代。而需要高超手艺的密密缝的针扎也可以用我们身边的材料还原。从时装秀场到居家装饰，扎染仍旧在布艺领域独占一席之地。从云南白族风格的蓝天白云靛蓝色，到充满现代气息的多色扎染，它离我们的距离已经不再那么遥远。将扎染技艺融入手工课堂，可以在培养孩子们动手能力的同时提高他们的文化素养，培养他们的民族审美意识和能力，树立他们的文化自信。色彩的变化和形态的丰富可以大大激发孩子们的创造力和好奇心，在艺术活动中寓教于乐（图3-5-8、图3-5-9）。

图3-5-8

图3-5-9

2022年的2月4日，北京冬奥会大幕开启，在祖国西南边陲的扎染之乡，大理的扎染手艺人用一针一线一晕染，献礼冬奥会，将白族技艺与冬奥精神完美融合，呈现冬奥之美、自然之美。在2022年3月23日，神舟十三号航天员乘组相互配合，开讲了"天宫课堂"第二课。其中，航天员王亚平在中国空间站进行太空授课，为大家演示的就是非物质文化遗产——扎染（图3-5-10、图3-5-11）。

图3-5-10　冰雪荣光　魅力冬奥

二、工具和材料

基本工具：扎染用染色剂、纯棉白布（使用100%纯棉布，否则难以固色）、棉绳或麻绳、皮筋、一次性手套、盐（固色剂）、水盆、剪刀（图3-5-12）。

辅助工具：针、线、筷子、雪糕棍、木板（可用泡沫板、尺子、亚克力板等替代）、扣子珠子小石子等小物件、夹子、铅笔（图3-5-13）。

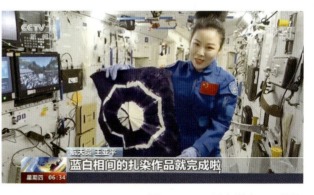

图3-5-11　天宫课堂——扎染

图3-5-12

图3-5-13

图3-5-14　植物染，也称"植物染色""草木染色"，是指利用大自然中自然生长的各种含有色素的植物提取色素来对被染物进行染色的一种方法。在染色过程中不使用或极少使用化学助剂，而使用从大自然中取得的天然染料对产品进行染色的一种工艺

三、染色方法

（一）染色

1. 传统染料及古法染色

古时候一般用植物染料，亦称草木染。常用的染料有红花、紫草、蓝靛等。那时候的扎染技法有米染、面染、豆染等。豆染，即用豆面、石灰调成防染浆，通过花板涂在布上，然后煮染，可出现蓝底白花的效果。

下面是一些颜色和相应的天然染料来源：

靛蓝——马蓝、木蓝、蓼蓝、菘蓝

黑色——鸢尾花根

棕色——咖啡粉和略煮过的茶叶

粉色——玫瑰花瓣、草莓和樱桃

紫色——葡萄、鸢尾花和接骨木果

红色——甜菜根、红赭石/红土

黄色——洋葱皮、辣椒粉和姜黄

扎染最常使用的染料即为从植物中提取的靛青色，如蓝天白云般清朗开阔。唐代也出现了大量多色扎染文物，所用颜色丰富靓丽。

因为所用染料为天然染料（图3-5-14、图3-5-15），所以颜色的附着力要低于添加化学试剂的现代染料，为使颜色长久地保持鲜艳，古代工匠所用的染色方法多为高温煮染法，并且会添加盐碱进行固色。也有的地方使用低温浸染法，通过多次浸染实现"青出于蓝"的效果。

2. 工业染色方法

（1）浸染法。将扎好的织物放入配制好的染液中浸泡一定时间，染完后用清水冲洗，解结，熨平。常用纳夫托染料和活性染料。

工艺程序：溶解色酚→织物打底→晾水备用→配显色剂→放入织物→显色→配碱液→碱洗→冲洗晾干。

（2）煮染法。将织物放至染料中沸煮达到高温染色的效果。最常用的是直接染料与酸性染料。直接染料易溶于水，适染棉、麻、人造丝、绢类。酸性染料色彩鲜艳，易于拼色，最适染动物纤维。

工艺程序：溶解染料→放入织物→煮染30分钟→冲洗晾干。

备好染料及助剂纯碱（也可用食盐代替），以布料的重量决定染料和助剂的使用量。

用少量开水溶解染料和助染剂，再加至需要量，溶解染料的容器以搪瓷制品为宜，并加热。水量的多少对染色的浓淡程度有直接影响，但与织物色的牢固度无关。

将织物浸入染液中，用竹棍搅动，使其着色均匀，连续沸煮约30分钟后，冲洗并解结，最后烫平晾干。

3. 手工冷染法

冷染法是现代手工扎染常用的染色方法。单色染色常用浸染而多色常用滴染。若在多色滴染时要区分不同色域，应把不同颜色染料滴在扎结两端或保有一定距离。若在滴染时相邻色有穿插染色则会形成渐变效果。

冷染固色需要用长时间密封浸润以代替煮染的高温效果，一般需要在完成冷染上色后将布团放入密封袋中放置24小时。24小时后取出布团冲洗，冲洗至水中基本无色后浸入含有1：20的盐水中略加浸泡实现固色。

注意事项：染色时务必戴上手套，防止手部被染色剂染色腐蚀。

（1）单色浸染（图3-5-16、图3-5-17）。

图3-5-15 从植物、动物、矿物里提取的天然染料，其中以植物性染料的使用最为普遍，且可用的材料种类也最丰富

图3-5-16、图3-5-17 单色浸染是最简易的染色方法，将布捆扎之后，直接放进染料中浸泡染色

图3-5-18、图3-5-19 多色滴染，事先把纸或布进行折叠或捆扎，然后用各色冷染颜料在上面滴染，使不同染料之间有明确的分界，注意留白。也可以多色滴染，打开后会有斑斓的画面效果。多色滴染所用染料一般为化学冷染颜料

（2）多色滴染（图3-5-18、图3-5-19）。

（3）套染法是在同一织物上运用多次扎结、多次染色的工艺，可使传统的扎染工艺由单色发展为多色的效果。单色底色做第一层，再去叠加其他颜色的方法可以形成较为统一的色调和丰富的色彩变化（图3-5-20、图3-5-21）。

图3-5-20

图3-5-21

（二）固色

1. 固色的作用

固色可以将染料的色素持久地固定在织物中，保持长久鲜艳不掉色。

2. 固色的措施

（1）热染：将水烧热倒到染色池或盆里进行高温上色。热水的好处就是能使色料分子的无规则运动更加激烈，有利于附着在布料上。

（2）化学作用：使用媒染剂进行媒染或使用固色剂固色处理。

（3）染色时搅动、抖动染料使其深入纤维，也可使用染色用锤等捶打布料。

3. 手工制作时固色的注意事项

手工冷染染液固色的材料主要为食盐和小苏打（碱），也可以自行购买固色剂。

要在清洗浮色后将布料浸泡在盐碱水中固色。

四、冷染的基本步骤与技法

（一）冷染的基本步骤

（1）将纯白棉布用清水打湿，如果有需要，提前加入增色剂和固色剂（图3-5-22）。

（2）将白布拧干，展平。可用笔规画出扎染图案的大体草图（图3-5-23）。

（3）用工具将白布进行相应的捆扎处理，在此过程中可以尝试多种捆扎方法（图3-5-24、图3-5-25）。

（4）将冷染液体染料滴到相应的位置（图3-5-26、图3-5-27）。

（5）封袋保存24小时。

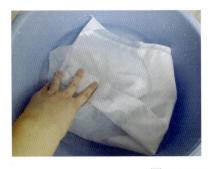

图3-5-22

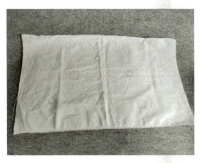

图3-5-23

图3-5-24

图3-5-25

图3-5-26

图3-5-27

图3-5-28

图3-5-29

（6）打开封袋，将已经染好色的布料放到冷水下洗去浮色。在清洗过程中用剪刀等工具剪开麻绳和皮筋等的束缚。冲洗到出水接近无色时，放到1∶20的盐水中固色漂洗（图3-5-28、图3-5-29）。

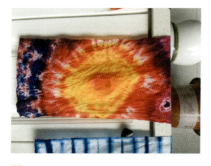

图3-5-30

图3-5-31

（7）在拧干后展平，等待自然风干（图3-5-30、图3-5-31）。

（二）扎花的基本技法

扎花，原名扎疙瘩，即在布料选好后，按花纹图案要求，用搓皱、折叠、翻卷、挤揪等方法，使布料成为一定形状后，用针线一针一针地缝合或缠扎，将其扎紧缝严，让布料变成一串串"疙瘩"。这种疙瘩会阻止染料均匀渗入从而表现不同的留白花样。

现在我们可以借助橡皮筋、麻绳等来达到古时针线所表现的效果，还可以灵活利用身边的工具，不断创新扎花的形式。

图3-5-32

图3-5-33

1. 捆扎法

捆扎法是将布料揪起一点后用绳子捆绑勒紧，或折叠后用棉麻线绳进行捆扎的方法，会形成基本的近圆形留白，形似花朵，古时的鹿胎缬、玛瑙缬等都是这样的工艺（图3-5-32至图3-5-35）。

图3-5-34

图3-5-35

2. 夹染法

传统方法为利用方形、圆形、三角形木板或竹片等将折叠后的织物夹住，然后用绳捆紧防染。夹片边缘染上颜色而夹片内不被染色。黑白效果分明，色晕与"冰纹"变化丰富。现在，可以灵活使用身边的材料来夹扎。下图为使用直尺和泡沫板制成夹板的案例（图3-5-36至图3-5-41）。

图3-5-36　　　　　　　图3-5-37

图3-5-38　　　　　　　图3-5-39

图3-5-40　　　　　　　图3-5-41

3. 包豆子法

将扎染面料中包入各种小物体，如小石子、豆子、硬币、纽扣、串珠等。结合被包物体原有的形状可以做出不同的样式（图3-5-42至图3-5-50）。如连续包两个球可以做出同心圆的效果。

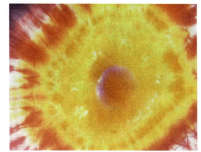

图3-5-42、图3-5-43　扎花及效果（一）

图3-5-44、图3-5-45　扎花及效果（二）

图3-5-46、图3-5-47　扎花及效果（三）

  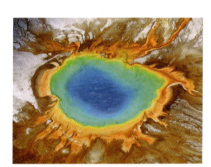

图3-5-48、图3-5-49、图3-5-50　扎花及效果（四）

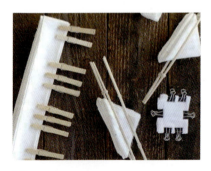 

图3-5-51　　　　　　　　　　　图3-5-52

4. 夹扎法

用筷子、雪糕棍、夹子夹住折叠织物可制作出连续图案（图3-5-51、图3-5-52）。

5. 打结扎法

将织物的不同部位折曲后打结抽紧，打结处会阻断颜料渗透，从而产生不同的颜色分层（图3-5-53、图3-5-54）。

6. 针缝法

针缝法可以制作出具象清晰的扎染图案。可采用卷针缝和平针缝，缝线后抽紧形成布褶，染色时会将线缝部位的区域留白。针缝法制作时间较长，制作工艺更复杂，花纹也更精致具体（图3-5-55、图3-5-56）。

7. 螺旋法

螺旋法是先用一只手捏住布的中心，另一只手旋转其余部分逐渐收紧，形成螺旋形的褶皱，再用皮筋固定形态后滴染颜色，形成螺旋纹路。

要形成图中这种单色旋臂，要用滴染颜料浸透捆绑好的布团的一个扇面（类似切比萨的小块）。扇面宽度决定了悬臂的粗细（图3-5-57至图3-5-60）。

图3-5-53

图3-5-54

图3-5-55

图3-5-56

图3-5-57

图3-5-58

图3-5-59

图3-5-60

图3-5-61

图3-5-62

8. 水波纹法

水波纹法是将棉布卷起来，然后做出渐变的一种方法。具体做法是用一根粗绳将棉布卷起来，注意不要卷太紧。在卷成一卷后抽紧绳子两端，形成一个甜甜圈形状的布团，系紧绳子简单固定后上色（图3-5-61至图3-5-65）。

图3-5-63

图3-5-64

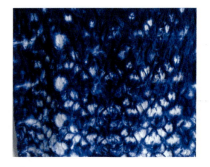

图3-5-65

图3-5-66

图3-5-67

9. 云朵法

这种方法做出来的留白花纹散乱、没有规律，如同电流和浮云般轻薄飘忽（图3-5-66、图3-5-67）。做法是捏起布料的不同位置后扎起布团，注意要绑紧（图3-5-68、图3-5-69）。

图3-5-68

图3-5-69

10. 连续扎揪法

在布料上随意捏起一点，用橡皮筋捆扎，顺着这个揪揪继续绑橡皮筋到预期位置。这样的扎揪可以做出同心圆一样的多道连续留白（图3-5-70、图3-5-71）。

图3-5-70

图3-5-71

五、综合应用

根据布料的大小、形状，我们可以设计出不同纹样的作品。在教学制作中，也应鼓励幼儿利用丰富的颜色和灵活的工艺创作出多彩多姿的作品（图3-5-72至图3-5-75）。

图3-5-72

图3-5-73

图3-5-74

图3-5-75

拓展学习：染纸艺术

一、染纸概况

染纸是我国传统民间手工艺，常见于民间艺人制作的"翻花纸""彩色剪纸""喷彩风筝"等。染纸是采用折叠、扎、夹等方法对较薄的吸水性纸张进行加工，并通过浸、点、晕、捏等染色技法使其形成千变万化、绚丽多彩的装饰纹样。染纸所用材料简单易得，价格低廉。操作简单安全，形式千变万化，可用低成本创造出多样效果。具有很强的装饰性和可塑性。还可以通过染纸这一工艺学习三大构成的知识，比如，用墨水晕染表现渐变和对称等要素。染纸视觉效果浓艳，可以带给人以良好的视觉享受，具有很强的装饰性。变幻无穷的染纸活动能激发学生的好奇心与探索热情，对陶冶学生情操、激发学生好奇心与探索热情、培养学生动手能力和审美能力有一定作用。

二、工具和材料

工具：毛笔、调色盘、滴管、夹子。

材料：生宣、棉纸、湿巾纸、卫生纸等易上色的吸水纸；水彩笔颜料、彩色墨水、国画颜料、液体染色剂等液体颜料。

三、案例展示

运用折叠法，可以做出不同样式的染纸图案。可以不断尝试对角线折叠和对称折叠的方法来探索各式图案（图3-5-76至图3-5-83）。

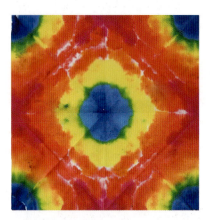

图3-5-76

图3-5-77

图3-5-78

图3-5-79

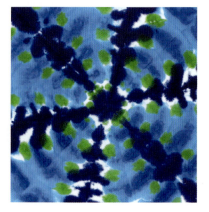

图3-5-80

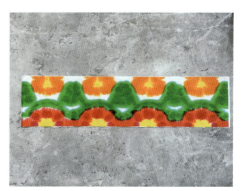

图3-5-81　　　　　　　　　　　　图3-5-82　　　　　　　　　　　　图3-5-83

四、染纸
小蝴蝶的制作
（图3-5-84至
图3-5-87）

图3-5-84　　　　　　　　　　　　　　　　　图3-5-85

图3-5-86　　　　　　　　　　　　　　　　　图3-5-87

拓展训练

1. 布贴画的训练可以分为三步：第一步，用碎布头随意拼贴单个形象，训练贴布的基本技巧和配色能力；第二步，训练制作布贴画的完整步骤，做到画面干净、整洁、美观，构图要完整；第三步，要解放学生的思想，打破固有概念，运用综合材料自由设计和创作，培养学生发散性思维的能力和创造力。

2. 不织布制作的训练可以分为：第一步，平面贴缝的训练，可以通过制作布书、卡套、装饰画等，训练基础针法和配色、构图的能力；第二步，双面合缝立体制作，可以通过做小型玩偶、小饰品等，训练贴布缝、卷边缝等针法，基本掌握由平面到立体的基本方法；第三步，立体制作的训练，可以通过做稍大的玩偶、球、家居小用品等，训练立体造型和立体裁剪的能力。

3. 袜子娃娃学习的重点是掌握造型的基本原理，尝试制作不同造型的娃娃，然后根据基本方法进行创作。

模块四

泥 工

学习目标

1. 了解泥的分类及特点。

2. 了解太空泥制作的材料和工具的使用方法。

3. 掌握太空泥的基本造型方法和技巧。

4. 熟练掌握动物、人物、果蔬、交通工具、场景的制作方法和步骤。

5. 通过太空泥的学习，培养审美情趣和生活情趣，通过细腻严谨的制作过程，培养耐心和一丝不苟的学习态度。

项目一 认 识 泥 工

一、工具和材料

（一）工具

太空泥的制作工具非常简单，除了市面销售的成套的造型工具外，身边有很多工具也随手可用，如牙签、剪刀、梳子、牙刷、筷子、瓶盖、垫板、切刀等。

（二）材料

泥的种类很多，包括橡皮泥、太空泥、软陶泥等，不同材料的特性有明显差别。橡皮泥是彩泥的前身，自问世以来深受幼儿喜爱。最开始的橡皮泥只有灰白一种颜色，后来有了各种各样的颜色。但是橡皮泥容易变形，不易保存，且质地较为粗糙，渐渐被太空泥所代替。

太空泥，也叫超轻黏土。太空泥很轻，无毒无味；橡皮泥较沉，有味。太空泥半天的工夫就可风干定型，橡皮泥不易定型。太空泥可以混合变色、上色，但橡皮泥不行。太空泥拉伸效果更好，更容易塑形。

软陶泥，也叫彩陶、软陶土、烧烤黏土。软陶泥是一种可塑性非常强的人工合成陶土，制作好后只要放进烤箱中轻微烘烤，就会生成质地坚硬、色彩艳丽的彩陶手工艺品。用不同颜色的软陶泥，能够做出仿真食品、发饰、卡通玩偶、动物、植物等。与太空泥相比，软陶泥质地更硬也更易于塑造长期保存的作品，但是价格上比太空泥更高一些。

三种材料对比，太空泥凭借环保、质软易造型、能长期保存、价格低廉的优势，更易于普及使用，尤其适合幼儿使用，本模块所讲泥工知识也以太空泥为主。

二、基本手法及造型原理

（一）基本手法

揉：将彩泥放在手心，两手掌相对旋转，即可揉成圆球。

搓：先将彩泥揉成圆球，再放在两手掌中间，前后搓动，彩泥可呈长圆柱形或水滴形。

捏：用拇指和食指压挤圆球形的彩泥，将它压扁或弯曲，变成所需要的形状。

拧：将两条绳状彩泥向相反方向拧在一起，可制成麻花状。

贴：将一块彩泥压放在另一块彩泥的适当位置上。

剪：用剪刀剪开所需要剪开的部分，比如，动物的嘴巴或翅膀等。

切：用切刀分割捏成薄片的彩泥，如车窗玻璃的切割。

插：将彩泥用牙签穿插，使两个或多个部件连接起来，如头部和身体的连接。

刻：用牙签或小刀在彩泥上刻出需要的花纹。

太空泥制作：基础知识及基本技法

（二）各种形状的塑造（图4-1-1至图4-1-8）

图4-1-1　球形：将太空泥反复揉捏，使太空泥中的空气全部排出，再将其放于手心，用手掌反复揉搓成球形

图4-1-2　水滴形：先将太空泥揉成球形，再将两个手掌相合，呈"V"字形，将圆球夹在手掌之间反复揉搓，根据需要可以做出各种长度的水滴造型

图4-1-3　正方体：先将太空泥揉成小圆球，再用双手的食指和大拇指，捏平圆球的四周，使之成为正方体

图4-1-4　圆柱形：先将太空泥揉成球形，再将双手合在一起，夹住圆球反复揉搓，上下的平面用指肚轻轻按出

图4-1-5　梭形：制作出水滴造型之后，用同样方法调换太空泥在手中的受力部位，再次用手掌反复揉搓。重复几次，使两端的尖头趋于一致

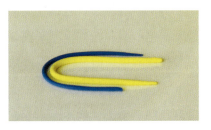

图4-1-6　长条形：先将太空泥揉成球形，再放在平整桌面上，用手掌反复揉搓，使圆球逐渐变成条形。揉搓时用力要均匀，如有粗细不一的地方，将细条放到光滑干净的桌面上，用指肚轻轻揉搓直至均匀

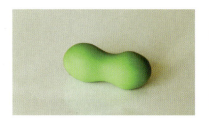 

图4-1-7　花生形：先将太空泥揉成圆筒形，再用食指轻轻揉搓圆筒的中间位置，反复揉搓使花生的曲线变得自然、柔和

图4-1-8　三角锥体：先将太空泥揉成球形，放到桌面上，再用双手的食指和大拇指向中下方按压，成为三角锥体

（三）工具的使用技法（图4-1-9至图4-1-17）

  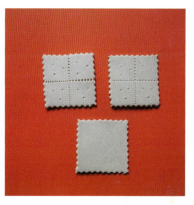

图4-1-9　常见工具1

图4-1-10　常见工具2

图4-1-11　将太空泥用擀杖擀平，稍晾一会儿后，边缘用花边剪刀剪出形状，"十"字线用梳子压出

图4-1-12　将太空泥饼干压扁后，平放在桌子上，边缘的线用刀切出凹痕，并用牙签在饼干上扎出孔眼

图4-1-13　鱼头和鱼身的分割线用瓶盖的边缘压出，鱼身的花纹用笔帽压出，鱼尾用刻刀压出

图4-1-14　花结的做法是，先把太空泥擀平，晾到半干后剪成细条，然后堆叠。底部的小圆球揉好后放到蛋糕坯上，不用压平，直接用牙签扎孔，这样更具有立体感

图4-1-15　鞋洞直接用工具套装中的圆头棒慢慢压出

图4-1-16　木瓜中间用圆头棒或食指压出，尽量不留指纹

图4-1-17　蛋糕的蓬松感用牙签挑出

（四）基本造型训练（图4-1-18至图4-1-26）

图4-1-18　圆锥造型，叶子是将水滴形压扁后用刀压出叶脉，用牙签戳出草莓的种子

图4-1-19　长水滴造型，眼睛和嘴巴用圆球压扁后粘贴

太空泥制作：草莓

太空泥制作：辣椒

图4-1-20　长水滴造型，先把泥搓成长水滴形，再用刀轻轻划出花纹，最后粘上叶子，完成

图4-1-21　半球形造型，用红色泥搓成球形，放到桌子上用刀切成两半，拿起一半用手整理成四分之一半球形，把绿色泥擀成饼，剪成与西瓜底部同样大小并粘到底部，搓小黑粒粘到果肉上，整理完成

图4-1-22　球形造型，先搓成球形，再用两指捏出尖头，在侧面刻出线，加叶完成

图4-1-23　先搓出椭圆形，再搓出十几个长条形，围粘到椭圆形上，整体呈球形，加叶后完成

图4-1-24　球形造型，先揉出一个球形，两头用圆头棒摁出下陷的窝，粘上叶子和叶柄，完成

太空泥制作：桃子

太空泥制作：南瓜

图4-1-25　圆锥造型，用橙色太空泥搓出圆锥形并刻上花纹，用手把粗的一头微微按平，用绿色太空泥捏出两片叶子粘到萝卜上，完成

图4-1-26　圆柱造型，用白色太空泥搓成长条形做成果肉，用白色和黄色太空泥分别搓出三根长条后压扁，分别叠放在一起，白色太空泥的长度和宽度略小于黄色太空泥，把果肉轻轻做一下弯曲，粘上果皮，完成

项目二　太空泥的平面造型

太空泥的平面造型是比较容易掌握的泥工技艺，常用的手法有压、按、擀、搓等手法，使用的工具有擀面杖、卡片、圆头棒、剪刀、切刀、牙签等。

一、平面造型的制作要点

（一）造型上点、线、面的组合应用

在平面造型时，首先是根据画稿，把搓好的彩条放在画面上，然后将压扁的水滴形放在画面上（图4-2-1）。平面造型更注重平面中点、线、面的组合，线的粗细长短和点的大小排列，对整个作品有重要意义（图4-2-2）。

（二）色彩搭配上的和谐统一

太空泥的色彩比较鲜艳，在使用的时候要根据作品的特点去使用颜色，儿童对色彩比较敏感，往往使用反差较大的对比色和纯色。也可将两种以上的色彩混合使用。混合比例的不同，会产生微妙的色彩效果（图4-2-3至图4-2-6）。

图4-2-1 　　　　　　　　　图4-2-2 　　　　　　　　　图4-2-3

图4-2-4 　　　　　　　　　图4-2-5 　　　　　　　　　图4-2-6

（三）巧用工具和其他材料表现肌理效果

在太空泥制作中，可以借助工具和其他材料制造出特殊效果。通常用到的工具有刀、剪、铲、擀杖、梳子、牙签、牙刷、瓶盖等，可以用切、挖、铲、削、扎、扫、染、压模等手法，在太空泥表面进行二次加工，也可以在太空泥的表面用粮食、石子、草木等进行镶嵌装饰（图4-2-7、图4-2-8）。

太空泥种子画

图4-2-7 　　　　　　　　　　　　　图4-2-8

二、平面造型的制作步骤

以牡丹花为例，平面造型的制作步骤见图4-2-9至图4-2-12。

图4-2-9 画好底稿

图4-2-10 捏出花瓣和花叶

图4-2-11 用工具按压花瓣和花叶，将其固定在底板上

图4-2-12 完成作品

三、瓶盖和杯子、瓶子上的平面造型

我们生活中的废弃物品，如瓶盖和杯子、瓶子等，与太空泥稍加结合，就能变成富有创意的艺术品。对废旧物品的再利用，能够培养幼儿的创新思维、想象能力和动手能力。制作时，先观察瓶子和杯子的大小、形状和材质，设计好草图，然后用包裹、堆叠、切割等手法进行造型（图4-2-13至图4-2-22）。

图4-2-13

图 4-2-14

图 4-2-15

图 4-2-16

图 4-2-17

图 4-2-18

图 4-2-19

图 4-2-20

图 4-2-21

图 4-2-22

四、相框的平面装饰造型

相框的制作方法多种多样，太空泥浮雕装饰是其中的一种。工具和材料简单易找，太空泥、剪刀、刀、牙签、压模工具、硬纸板、光盘等都可以用来制作相框。相框的外形可以采用几何形、动物形、自然形、人造形等进行设计（图 4-2-23 至图 4-2-29）。

图 4-2-23　　　　　　　　图 4-2-24　　　　　　　　图 4-2-25

图 4-2-26　　　图 4-2-27　　　图 4-2-28　　　图 4-2-29

五、作品欣赏

太空泥的平面造型作品欣赏见图 4-2-30、图 4-2-31。

图 4-2-30　　　　　　　　图 4-2-31

项目三　太空泥的圆雕造型

一、圆雕造型的基本步骤

（一）动物

1. 小鱼的制作步骤（图4-3-1至图4-3-8）

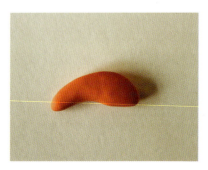

图4-3-1　将太空泥搓成长水滴形，稍弯，压扁

图4-3-2　刻上花纹，做成鱼鳍

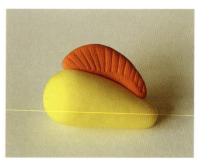

图4-3-3　用太空泥揉搓成大水滴形，做成鱼的身体，把鱼鳍粘到鱼背上

图4-3-4　搓小水滴形，刻上花纹，做成腮鳍，粘上腮鳍

图4-3-5　尾巴呈扇形，刻线后粘上

图4-3-6　加上双眼

太空泥制作：金鱼

图4-3-7　把"9"字针插进背鳍

图4-3-8　加龙虾扣，做成挂件

2. 章鱼的制作步骤（图4-3-9至图4-3-14）

图4-3-9　搓一个蛋形圆球和8个小球

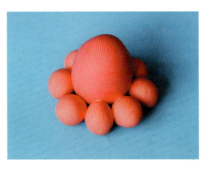

图4-3-10　将小球分别粘在大球上

图4-3-11　粘上眼睛，用牙签戳出嘴巴

图4-3-12　捏出圆锥形的帽子

图4-3-13　粘好帽子，在帽边加装饰线

图4-3-14　把帽子尖向下拉成下垂状，加上装饰球和小花，完成

3. 狐狸的制作步骤（图4-3-15至图4-3-19）

图4-3-15　把狐狸的每一个部分都捏出，放在密封袋中备用

图4-3-16　用白色太空泥搓成小球，压平后剪出锯齿，围贴在尾巴的尖部

图4-3-17　耳朵的制作方法和尾巴一样，把头部各部分粘贴在一起

图4-3-18　把身体的每一部分各自组合好

图4-3-19　将头部、身体、尾巴黏合在一起，制作完成

（二）糕点

1. 草莓蛋糕的制作步骤（图4-3-20至图4-3-39）

图4-3-20　用黄色太空泥搓两个等大的圆球

图4-3-21　压平，整理成四边形面饼

图4-3-22　将红色太空泥搓成的长条切等长四份

图4-3-23　压成水滴形

图4-3-24　用红色太空泥做成的细条绕一圈，做成草莓片

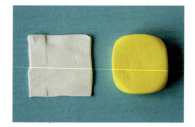

图4-3-25　用白色太空泥压出四块白色薄片

图4-3-26　将白色薄片剪成与黄色面饼等大

图4-3-27　在黄色面饼两面粘上白色薄片

图4-3-28　粘上做好的草莓片

图4-3-29　摆上另一组面饼，用牙签在面饼的侧面扎出蛋糕的气孔

图4-3-30　搓细条平行摆到上面的面饼上

图4-3-31　摆成网格状

图4-3-32　搓出草莓各部分，组合在一起

图4-3-33　把草莓放到蛋糕上

图4-3-34　用白色和黄色太空泥混合成淡黄色

图4-3-35　搓成绳子

图4-3-36　把绳子放到草莓上，在草莓顶部绕一下

图4-3-37　剪掉多余的绳子

图4-3-38　用赭色太空泥搓条后绕出巧克力球，放到蛋糕四周

图4-3-39　制作完成

2. 慕斯蛋糕的制作步骤（图4-3-40至图4-3-45）

图4-3-40　将太空泥搓成蛋形做蛋糕体

图4-3-41　把太空泥搓成细条，以"S"形粘在蛋糕表面

图4-3-42　整齐地排列，全部粘上

图4-3-43　把太空泥搓球压成饼状做成底座，用刀在边缘等距向里压切

图4-3-44　黏接蛋糕和底座，搓出其他部分备用

图4-3-45　将各部分黏接在一起，加装饰球，完成

3. 饼干的制作步骤（图4-3-46至图4-3-52）

太空泥制作：饼干

图4-3-46　用赭色太空泥搓两个等大的圆球

图4-3-47　分别压成圆饼

图4-3-48　在圆饼的边缘用刀切出凹痕

图4-3-49　把白色太空泥擀成薄饼

图4-3-50　把白色的薄饼剪得和赭色圆饼一样大

图4-3-51　将三层饼重叠放在一起

图4-3-52　用牙签扎出小孔

（三）饰物

蜻蜓项坠的制作步骤（图4-3-53至图4-3-58）

太空泥制
作：蜻蜓

图4-3-53　用太空泥捏出蜻蜓的各部分

图4-3-54　用刀环切出蜻蜓的身体结构

图4-3-55　连接头部和身体部分

图4-3-56　将翅膀扎上图案后，黏结到身体上

图4-3-57　在头部扎上"9"字针

图4-3-58　加上链条，漂亮的项坠做好了

（四）人物

1. 女童的制作步骤（图4-3-59至图4-3-64）

图4-3-59　用太空泥捏出女童身体的各部分

图4-3-60　用黑色圆饼覆盖肉色圆球的一半，做好头发

图4-3-61　将小黑球按到头部两侧，做成发髻

图4-3-62　发髻做好后，用红条绕发髻一圈做成头绳

图4-3-63　把身体的各部分组合好，切出腿的形状

图4-3-64　连接头部和身体，完成

2. 男童的制作步骤（图4-3-65至图4-3-72）

图4-3-65　用太空泥搓出男童身体的各部分

图4-3-66　用黑色圆饼覆盖肉色圆球的一半；做成头发

图4-3-67　将绿色太空泥压成薄片后剪出背带裤的形状，粘到身体上

图4-3-68　将裤子粘好后，切出腿的形状

图4-3-69　完成的身体

图4-3-70　粘上双臂

图4-3-71　连接头部和身体

图4-3-72　漂亮的对娃完成了

3. 新娘的制作步骤（图4-3-73至图4-3-94）

图4-3-73　准备两对一样大的太空泥，分别做新郎和新娘的头部和身体，头部比身体要稍大一点

图4-3-74　留下一对准备做新娘，另外一对放到密封袋中

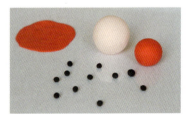

图4-3-75　用红色太空泥擀一块能够包住肉色圆球的红色圆饼

图4-3-76　将红色圆饼包在肉色圆球的1/3处

图4-3-77　用剪刀把多余的部分剪掉，把脑后的红色盖头推揉整齐

图4-3-78　把圆饼光滑、整齐的一边对准肉色圆球顶部1/3处，轻轻向后抒平

图4-3-79　红色盖头和头部交界处要平整、光滑

图4-3-80　用太空泥搓十几个米粒大小的黑色圆球和一个稍大的黑色圆球，用来做前额的发卷

图4-3-81　取最大的黑色圆球按到头部的正中央，把黑色圆球轻轻按平

图4-3-82、图4-3-83　用牙签把黑色圆球依次按到头的顶部

图4-3-84　用蓝色太空泥搓十几个比黑色圆球略小的蓝色圆球，用牙签逐个按到头顶部的黑色圆饼上

图4-3-85　用白色太空泥搓6个白色小圆球，用牙签逐个粘到头顶部正中央的黑色圆饼上

图4-3-86　粘接排列成小花的图案，用白色太空泥搓白色长条在发髻后的头顶上绕一圈

图4-3-87　搓大小不等的红、白、蓝色圆球按在白色长条后

图4-3-88　头顶部分完成

图4-3-89　搓白色的小圆点装饰，并按上眼睛和嘴巴

图4-3-90　搓出身体各部位

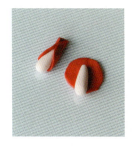

图4-3-91　用红色圆饼包住肉色水滴形，做成胳膊

图4-3-92　将胳膊粘贴于身体两侧

图4-3-93　用由红色太空泥搓成的红条绕出胸前的花朵，将身体各部位组合在一起

图4-3-94　将头和身体组合在一起，新娘完成

4. 新郎的制作步骤

新郎与新娘的制作方法大同小异，可以参见新娘的制作说明（图4-3-95至图4-3-110）。

图4-3-95 用肉色太空泥搓出球形头部　图4-3-96 用红色太空泥压出包头红饼和头顶的帽冠　图4-3-97 用红饼包住头部一半　图4-3-98 把多余部分剪掉

图4-3-99 用黑色太空泥搓黑条，沿帽檐绕一圈　图4-3-100 粘上头顶的帽冠　图4-3-101 在头顶粘上用太空泥做的红、白色小球，在帽冠上粘小花　图4-3-102 装饰图案尽量对称，颜色鲜艳

图4-3-103 将黑色小球压饼绕线做成帽子上的耳朵　图4-3-104 粘上眼睛、嘴，头部完成　图4-3-105 用太空泥捏出身体各部分　图4-3-106 将身体各部分组合好　图4-3-107 将身体与头部组合好，新郎完成

图4-3-108 找圆形或方形的合适的盒子　图4-3-109 用红色太空泥压一块红色圆饼，能完全包住盒子，做成舞台　图4-3-110 把新郎、新娘放于台子上，作品完成

二、作品欣赏

太空泥作品欣赏见图4-3-111至图4-3-150。

图4-3-111

图4-3-112

图4-3-113

图4-3-114

图4-3-115

图4-3-116

图4-3-117

图4-3-118

图4-3-119

图 4-3-120

图 4-3-121

图 4-3-122

图 4-3-123

图 4-3-124

图 4-3-125

图 4-3-126

图 4-3-127

图 4-3-128

图 4-3-129

图 4-3-130

图 4-3-131

图4-3-132　　　　　　　　　　图4-3-133　　　　　　　　　　图4-3-134

图4-3-135　　　　　　　　　　图4-3-136　　　　　　　　　　图4-3-137

图4-3-138　　　　　　　　　　　　　　图4-3-139

图4-3-140　　　　　　　　　　　　　　图4-3-141

图 4-3-142

图 4-3-143

图 4-3-144

图 4-3-145

图 4-3-146

图 4-3-147

图 4-3-148

图 4-3-149

图 4-3-150

拓展学习：山东博山泥塑赏析

山东省鲁中地区有一个陶瓷重镇——博山，主要以生产陶瓷、琉璃著称。中国陶瓷世界驰名，随着国家加大对历史文化产业、文化文物产地的保护和投资，博山陶瓷也焕发出新机，至今还有从事瓷器烧制的民间艺人经营着大大小小几百家瓷器作坊。这些民间手工业匠师在继承传统工艺和造型的基础上，与时俱进，创作出传统与新时代相融合的、特色鲜明的现代陶瓷艺术品（图4-3-151至图4-3-155，作者为山东省工艺美术大师任国栋；图4-3-156、图4-3-157，作者为中国陶瓷艺术大师杨玉芳）。

图4-3-151

图4-3-152

图4-3-153

图4-3-154

图4-3-155

图4-3-156

图4-3-157

拓展训练

1. 通过实践操作发现动物、人物等的造型特点，从中找出规律，能够根据平面图捏出立体形态。

2. 能根据需要，制作出场景，作为玩教具使用。

示例：《红娃》国风文创产品制作（图1、图3至图7由赵红云绘制，图2由王芝制作）

图1

图2

图3

图4

图 5

图 6

图 7

模块五

环保材料创意制作

学习目标

1. 了解环保材料的形状，能利用生活中常见的物品，运用剪、折、拼、镂空、粘贴等形式，创作出适合幼儿园使用的玩教具，或制作出适合幼儿园环境创设的作品。

2. 通过对环保材料的加工利用，培养观察力和想象力，提高设计能力和动手能力。

3. 通过小组合作和课堂讨论，培养团队合作能力和集体意识，提高审美能力。

　　生活中有很多废旧物品，如经常用到的一次性餐具、包装盒、方便面桶、塑料果冻杯、酸奶杯等，用完一次就丢弃是一种巨大的浪费。很多废旧材料质地结实、可塑性极强，合理地利用这些废旧物品既可以做到物尽其用，又可以美化生活。环保材料的应用，是学前美术教育的重要组成部分，有助于提高学生的手工技能和环保意识，增强审美能力，开发创新思维，以艺术的眼光美化生活。

项目一　杯、碗、盘的创意制作

一、工具和材料

　　基本工具：剪刀、美工刀、固体胶、双面胶、泡沫胶、铅笔、圆规。

　　主要材料：纸质或塑料杯、碗、碟。

　　辅助材料：彩色卡纸、水粉颜料、水粉笔、皱纹纸、铁丝、吸管、牙签、一次性叉子等。

二、纸盘的创意制作

纸盘的创意制作

（一）绘画结合法

　　这种方法兼有绘画和手工装饰的效果，常用于桌面摆设或墙面装饰。在成组摆设时，有很强的装饰效果和视觉冲击力，是幼儿园主题墙设计和幼儿美术活动中常用的一种方法。

常用的技法如下。

1. 平涂勾线法

在纸盘上先用铅笔画好图案，在上色之前把铅笔线擦掉，能看见痕迹即可，这样可以保持盘子的整洁。用水粉或丙烯颜料在区域内填色，色干后用黑色马克笔或其他颜色勾边，一幅装饰图案就完成了（图5-1-1、图5-1-2）。

2. 油水分离法

在盘子上先用铅笔起稿，定稿后再用油画棒勾边，或者在局部涂油画棒，然后用水粉或水彩在画上继续涂画，就会产生斑驳的油画效果（图5-1-3、图5-1-4）。

3. 装饰应用

可以用很多盘子组合起来做一面装饰墙，或者做一面照片墙（图5-1-5、图5-1-6）。

图5-1-1 图5-1-2

图5-1-3 图5-1-4

图5-1-5 图5-1-6

（二）添加组合法

这种方法是在不破坏主体的前提下，利用辅助材料进行装饰的方法。经常使用到的材料有卡纸、不织布、太空泥、棉花、树枝、树叶、石头、沙粒等，在制作中要不拘于材料的限制。把圆形的盘子看作是一个基本形，既可以进行内部塑造，也可以进行外部添加。

1. 内部塑造

以圆为基本形，用剪贴、堆塑、叠加等方式在盘子内造型。如图5-1-7所示，取一只盘子，在盘底涂蓝色，把用废旧宣传单剪成的鱼贴在盘底，形成一个海洋景观。把另一只盘子的盘底剪掉，只留盘边，用胶把盘边粘在有海洋景观的盘子上，在表面涂蓝色，形成既具整体性又有层次感的作品。如图5-1-8所示，在空白盘子的一边，涂一层厚厚的白胶，表现起伏感。另一边用沙子和胶堆成沙滩的样子，干后涂色。用太空泥捏出救生圈、皮球、拖鞋，用皱纹纸做出太阳伞，用牙签撑起太阳伞，组合完成一幅海滩休闲的作品。其他作品见图5-1-9、图5-1-10。

图5-1-8

图5-1-7　　　　　　　　　　　　图5-1-9　　　　　　　　　　　　图5-1-10

2. 外部添加

外部添加是以圆为基本形，通过外部添加细节的方式造型。在儿童简笔画中经常会用到这种造型手段，可以引申到手工制作中（图5-1-11至图5-1-18）。

（三）剪切法

剪切法类似于半立体构成中的切折重构，破坏原有形状的完整性，利用切、挖、剪、掀折的方式造型（图5-1-19）。

图 5-1-11

图 5-1-12

图 5-1-13

纸餐具制
作：纸盘
小鸟

图 5-1-14

图 5-1-15

图 5-1-16

图 5-1-17

图 5-1-18

纸盘制作：
鹦鹉

图 5-1-19

三、纸杯、纸碗的创意制作

（一）添加组合法

添加组合法是以筒形为基本形，通过想象和会意组合成新的造型（图5-1-20至图5-1-32）。如图5-1-24所示，把一个纸盘的中间剪掉，只留下圆环。把绿色皱纹纸剪成小段，皱褶后由圆环底部层层向上，粘贴在纸盘上。用红色太空泥揉搓成小苹果，粘贴在绿色皱纹纸上。在圆环的正上方系一个蝴蝶结，再把提前捏好的小动物固定在圆环上。一个漂亮的花环就做好了。

图5-1-20

图5-1-21

图5-1-22

图5-1-23

图5-1-24

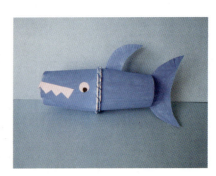

图5-1-25

图5-1-26

图5-1-27

图5-1-28

图5-1-29　　　　　　　图5-1-30　　　　　　　图5-1-31　　　　　　　图5-1-32

（二）剪切法

剪切法是指在不加量的情况下，通过剪切、翻折重新造型。主要遵循"以虚为实"的造型手法（图5-1-33至图5-1-35）。

纸餐具制作：奶牛

纸餐具制作：老虎

纸餐具制作：狮子

图5-1-33　　　　　　　图5-1-34　　　　　　　　　图5-1-35

四、纸杯花的制作

（一）纸杯花的制作步骤

（1）构思做的花有几层，每一层的形状是什么。

（2）用铅笔在纸杯上画好图案并用剪切、卷曲、折叠、涂色的方法，加工花瓣的形状和颜色。

（3）做出花蕊，花蕊一定要比花瓣小，而且两者在造型上有点区别，产生对比的效果会更漂亮。花蕊的制作方法多种多样，绘画、编织、太空泥粘贴等都可以尝试。

（4）用白胶或双面胶把每一部分黏合在一起，整理花形。

（5）花秆用竹签、一次性筷子、气球杆都可以，缠上绿胶带，用透明胶粘到花朵上，再添加几片叶子就完成了。

（二）单纸杯造型（图5-1-36至图5-1-38）

单纸杯造型是指用一个纸杯做的花卉造型。这种造型方法适合制作单层花瓣的花卉，如雏菊、太阳花、牵牛花、菊花等。装饰的重点放在花心部分，可以用点彩、剪切、镂空、添加的方法，弥补造型上的单一。

图5-1-36

图5-1-37

图5-1-38

（三）多纸杯组合造型（图5-1-39至图5-1-44）

多纸杯组合造型是指用两个或两个以上的纸杯制作的花卉造型。这种造型方法适合制作复瓣花卉，如牡丹、芍药、大丽花等。这种造型装饰方法多样，可以用点彩、剪切、堆砌、镂空等方法。制作时，注意每层花瓣之间变化的规律性，要符合形式美的法则，做到多而不乱。

图5-1-39

图5-1-40

图5-1-41

图5-1-42　　　　　　　　　图5-1-43　　　　　　　　　图5-1-44

（四）纸杯花的组合

纸杯花既可以单支装饰环境，也可以组合成各种各样的形状，用于幼儿园的环境创设（图5-1-45）。

1. 做戏剧舞台的道具或区域的装饰

具体做法：找一块废旧泡沫板，刷上颜色，用卡纸剪出草的图形，用白胶粘在泡沫板的四周。花圃做好了，插上纸杯花，美丽的花园就做成了（图5-1-46）。

2. 用于幼儿园墙壁的装饰

摆放纸杯花的时候要疏密相间，注意大小、形态和颜色的穿插（图5-1-47至图5-1-50）。

图5-1-45

图5-1-46

图5-1-47

图5-1-48

图5-1-49

图5-1-50

图5-1-51

图5-1-52

3. 插花艺术，用于幼儿园活动区角的美化

花瓶可以用立体构成中的柱体构成来制作，也可以把酒盒、广口瓶等稍加装饰后做成花瓶（图5-1-51、图5-1-52）。

项目二 盒、瓶的创意制作

日常生活中会产生很多废旧盒子、瓶子。有些物品材质优良、造型美观独特，非常适合做创意设计。废旧物品利用在幼儿园日常活动中非常普遍，一是可以作为玩教具使用，二是通过对废旧物品的再创造，不仅可以开发儿童的智力和想象力，而且可以提高儿童的环保意识。教师要掌握利用废旧物品造型的基本原理和常用技法，以拓展思路、提高技能。

一、瓶子创意制作的基本方法

（一）平面造型法

运用绘画、喷涂、粘贴、缠线等方法，对瓶子进行美化（图5-2-1至图5-2-4）。

图5-2-1   图5-2-2   图5-2-3   图5-2-4

（二）剪切、镂空法

运用剪切、镂空、重塑等减量的方法改变原有物品的形态，产生光影变幻的美感（图5-2-5、图5-2-6）。

图5-2-5   图5-2-6

（三）添加、组合法

通过对各种材料的组合、重构、叠加、相容，用粘贴、插接、捆绑等方法，对不同造型的物品进行组合，从而产生新的造型（图5-2-7至图5-2-14）。

创意制作：
飞机

图5-2-7

图5-2-8

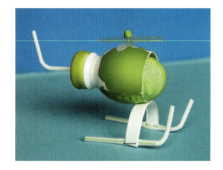

图5-2-9

图5-2-10

图5-2-11

图5-2-12

图5-2-13

图5-2-14

二、箱、盒的创意制作

（一）单体切割与重构设计（图5-2-15至图5-2-20）

单体切割与重构设计时要考虑箱子（盒子）的大小、形状、色彩和质感，最大限度地利用箱子（盒子）的空间。在联想造物时，要简洁概括地表现出作品的形象特征。

图5-2-15　用牛奶箱做的纸老虎，用了剪、翻、插接、绘画等多种方法　　图5-2-16　耳朵用切割、掀折的方法　　图5-2-17　四肢用切割、掀折、插接的方法

图5-2-18　牛奶箱与瓶盖的组合，用剪切和添加的方法　　图5-2-19　用剪切、镂空的方法　　图5-2-20　用剪切、弯曲、重构的方法

（二）形体的累积与组合

形体的累积要符合基本的比例关系，注意动态的变化，形体上要做概括的处理（图5-2-21至图5-2-25）。

图5-2-21　　　　图5-2-22　　　　图5-2-23　　　　图5-2-24　　　　图5-2-25

三、胶东海草房实践制作

　　海草房是山东胶东地区的典型民居，建筑材料就地取材，基底和框架以石头建成，屋顶覆盖海草，海草具有防水的功能且终年不腐。建筑形式多为一正屋加两厢房，窗户较小、屋门低矮，屋内冬暖夏凉，非常适合居住。以下作品是通过观察海草房的建筑特点，选择适当的废旧材料，如石子、海草、茅草、贝壳、树枝、麻绳、纸壳等，进行的设计制作（图5-2-26至图5-2-31）。

图5-2-26

图5-2-27

图5-2-28

图5-2-29

图5-2-30

图5-2-31

项目三　石头的创意设计

一、工具和材料

　　石头的创意设计需要各种形状的石头、水粉或丙烯颜料、水粉笔、马克笔、纸板等辅助材料。

二、石头创意设计的基本方法

（一）装饰绘画（图5-3-1至图5-3-7）

　　（1）水粉的覆盖能力较强，可以在石头上直接涂色。丙烯颜料的覆盖能力不如水粉颜料，需要在选好石头之后，先在石头上平涂一层白色水粉，易于表现色彩的真实色相。

　　（2）白色水粉晾干后，在石头上画草稿，确定每一部分要用的颜色。

　　（3）根据图稿涂色，一般先涂较浅的颜色，因为深色的覆盖能力强于浅色。

　　（4）颜色都涂好后，根据需要勾边、提亮，整理完成。

图5-3-1

图5-3-2

图5-3-3

图5-3-4

图5-3-5

图5-3-6

石头的创意制作

图5-3-7

（二）循石造型（图5-3-8至图5-3-16）

循石造型，可以追溯到汉代的石器造像，如霍去病的墓前石刻。这种造型方法主要是根据石头的天然形态，再加上形象的象形，因材施艺。作品大多生动有趣，自然天成，非常锻炼人的想象力。

图5-3-8

图5-3-9

图5-3-10

图5-3-11

图5-3-12

图5-3-13

图5-3-14

图5-3-15

图5-3-16

（三）适合纹样（图5-3-17至图5-3-24）

适合纹样是装饰绘画中的术语，意指在一个规范的图形内，做适合图形的纹样绘制。要求纹样的绘制和图形紧密结合，变化自然、协调而有韵味。

图5-3-17   图5-3-18   图5-3-19

图5-3-20   图5-3-21   图5-3-22

图5-3-23   图5-3-24

（四）综合创意（图5-3-25至图5-3-32）

综合创意，是指除了对石头本身的想象和加工之外，石头还可以作为整个作品的一部分出现，起到画龙点睛的作用，是作品构成中不可缺少的一部分。

图5-3-25   图5-3-26

图5-3-27

图5-3-28

图5-3-29

图5-3-30

图5-3-31

图5-3-32

项目四　木材搭建

一、工具和材料

　　木材搭建需要锯条或刀子、冰糕棍、一次性筷子、吸管、绳子、木工黄胶、三合板、水粉颜料、太空泥等（图5-4-1）。

二、基本造型方法

要设计好作品样式，在纸上画出大致草图，根据需要准备材料，最好是用三合板或其他较硬和平整的材料做底板。搭建的时候把整体分成几个部分来做，每一部分都先做好框架后再添加细节，最后组合完成并根据需要进行彩绘和装饰。

图5-4-1

（一）木棍的平面组合方法（图5-4-2至图5-4-7）

木棍的平面组合方法有平铺、交错平铺、三角平铺、四边平铺、中心点发射、"米"字交叉等。平面造型是立体造型的基础，平面组合在二维空间内可以无限延伸成一个面，在三维空间内可以重复堆叠成形体，在组合时可以借助粘贴、捆绑、卯榫、穿插的方法造型。

图5-4-2　平铺

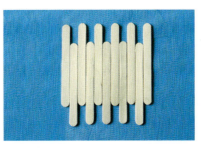

图5-4-3　交错平铺

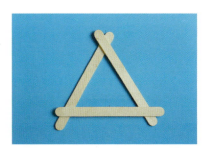

图5-4-4　三角平铺

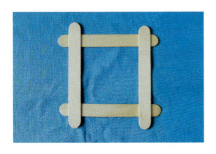

图5-4-5　四边平铺

图5-4-6　中心点发射

图5-4-7　"米"字交叉

图5-4-8　三角形堆叠

图5-4-9　四边形堆叠

（二）形体构造方法

1. 层积构造（图5-4-8、图5-4-9）

图5-4-10　利用三角形的稳定性进行搭建

图5-4-11　交叉捆绑

2. 捆扎、黏合构造（图5-4-10、图5-4-11）

3. 插接、交叉构造（图5-4-12至图5-4-15）

图5-4-12　在其中一根上用锯条切出小口，不要切断

图5-4-13　插接完成

图5-4-14　夹接、粘贴

图5-4-15　楼梯的一般做法，注意楼梯的斜度

4. 切割重构（图5-4-16至图5-4-21）

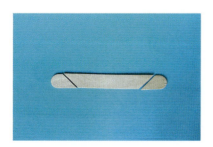

图5-4-16　用刀子或锯条切割

图5-4-17　相向摆放

图5-4-18　反向摆放

图5-4-19　窗户的一般做法：切割、重构　　图5-4-20　中心发射，立体构成　　图5-4-21　对角构成

（三）面体组合构造

1. 直面体的构成方法（图5-4-22至图5-4-29）

图5-4-22　剪一张长方形卡纸，从中间对折　　图5-4-23　在卡纸上涂上白胶，从折痕向两边平铺冰糕棍　　图5-4-24　在卡纸背面粘上四根冰糕棍，起到固定的作用

图5-4-25　胶干后，可以折起来做屋顶　　图5-4-26　屋顶的构成，由坡顶、天棚、支架三部分组成，三角形最稳定　　图5-4-27　从底向上看屋顶的结构

图5-4-28　用这种方法做四面墙，围合起来构成墙体　　图5-4-29　将主建筑的坡顶和墙体黏合在一起

2. 曲面体的构成方法（图5-4-30至图5-4-35）

图5-4-30 剪一块正方形卡纸

图5-4-31 在卡纸上涂上白胶，把木棍整齐地粘上

图5-4-32 围合面体

图5-4-33 呈筒状，可以做圆筒形墙体

图5-4-34 曲面体屋顶，由坡顶、天棚、支架三部分组成。坡顶双侧贴冰糕棍，先贴内侧，弯起后再贴外侧，外侧的面积大于内侧

图5-4-35 综合筒形造型和直面体造型的房屋

三、作品欣赏

请欣赏如图5-4-36至图5-4-58所示搭建作品。

图5-4-36

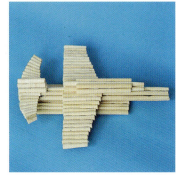

图5-4-37

图5-4-38

图5-4-39

图5-4-40

图5-4-41

图 5-4-42

图 5-4-43

图 5-4-44

图 5-4-45

图 5-4-46

图 5-4-47

图 5-4-48

图 5-4-49

图 5-4-50

图 5-4-51

图 5-4-52

图 5-4-53

图 5-4-54

图 5-4-55

图 5-4-56

图 5-4-57

图 5-4-58

项目五　树叶、种子的创意制作

一、树叶的造型

树叶画

（一）造型的方法和要点

　　树叶的造型主要是用树叶、草叶、花瓣等天然的形态，通过拼贴的形式达到造型的目的。树叶的造型，有两种方式：一是观察树叶的形状、色彩，联想可能拼贴而成的形象；二是先设计形象，再寻找合适的叶子。

　　树叶拼贴的重点在于突出形象的个性和特点，要选取形象中最有特点的部分，采用夸张等手法表现形象的个性特点和外形特点，达到生动传神的造型目的。在制作中，可以对树叶做适当的加工，如剪切、染色等。

　　整幅拼贴是指把不同造型的个体按照形式美的规律，进行组合和拼贴，形成一个有主题、符合构图法则、表达意境的画面。拼贴时要注意，不要面面俱到，要简洁、明快、符合儿童心理。

（二）作品欣赏（图5-5-1至图5-5-9）

图5-5-1

图5-5-2

图5-5-3

图5-5-4

图5-5-5

图5-5-6

图5-5-7

图5-5-8

图5-5-9

二、种子拼画

种子拼画是利用种子的形状、颜色、大小等自然元素拼贴而成的作品。

（一）材料和工具

材料：豆类、果壳、水果及蔬菜的种子。

工具：剪刀、白胶、镊子、双面胶等。

（二）《梅雀图》的制作步骤（图5-5-10至图5-5-15）

材料：卡纸、铅笔、葵花瓜子、白瓜子皮、黑瓜子、白胶。

种子拼贴画

图5-5-10 设计图稿，画出草图

图5-5-11 按照图稿，用葵花子粘贴树干，把白瓜子皮翻过来粘贴成花朵

图5-5-12 用白瓜子皮正面粘贴几朵白色的花苞

图5-5-13 用白瓜子和黑瓜子粘贴小鸟

图5-5-14 把图稿铅笔线部分都粘贴完成

图5-5-15 局部调整，做适当的添加或删减，整理完成

（三）作品欣赏（图5-5-16至图5-5-26）

图5-5-16

图5-5-17

图5-5-18

图5-5-19

图5-5-20

图5-5-21

图5-5-22

图5-5-23

图5-5-24   图5-5-25   图5-5-26

拓展训练

    1. 用一次性餐具做能在幼儿园教学中使用的动物、花卉的造型和拼贴。

    2. 参观具有特色的建筑后，用冰糕棍和一次性筷子、木板等材料复制搭建，训练造型能力。

    3. 用各种纸盒、瓶子等做幼儿园使用的玩教具。

    4. 做树叶和种子的拼贴画。让学生提前准备，如把各个季节的树叶、花瓣、种子等做成标本备用。

模块六

玩教具制作

学习目标

1. 能利用废旧物品或较容易造型和掌握的常见材料，做成适合幼儿玩耍和教师教学用的器具。

2. 了解自制玩教具的目的和作用，重视自制玩教具在幼儿教育中的重要意义。

3. 在准备和制作的过程中锻炼动手能力，养成观察生活的能力，激发想象力和创造力，在做中学、学中做。

项目一　认识玩教具制作

一、玩教具制作的原则

（1）玩教具的设计要科学、合理，有一定的教育意义。

（2）玩教具制作所用的材料一定要安全、无毒、无害、便于除菌或清洗。

（3）玩教具的制作方法要尽量简练，便于操作。

（4）玩教具的制作要符合幼儿的年龄特点，适合其认知程度。

（5）玩教具的制作要具有审美性，通过鲜艳的色彩搭配、有趣的造型来提高幼儿的审美能力。

二、玩教具制作的步骤

1. 构思

要养成观察生活的良好习惯，善于发现，勤于思考，能够根据现有的材料产生联想，进行构思。

2. 收集材料

把想法具体到每个细节，寻找合适的材料和表现方法。

3. 制作

在制作过程中，要善于分解复杂的程序，重视每一部分的功能体现，并尽可能地发挥材料本身的性能。

4. 装饰

通过绘画、剪贴、拼装等方法对玩教具进行美化，达到美育的目的。

项目二　制作玩教具

一、玩教具制作实例

（一）来晾衣服喽（图6-2-1）

材料：饮料瓶两个、细铁丝、彩色卡纸、马克笔、花秆或竹签、剪刀、一次性纸杯三个。

制作方法：

（1）用红、绿、紫三种颜色的卡纸分别剪出裙子、裤子、上衣。

（2）在每件衣服的正面分别写上1~6的数字，反面写上算术题。

（3）将两个饮料瓶做好装饰，分别在瓶子的上部相同部位剪出一个小孔，把花秆或竹签插到孔内，晾衣架做成了。

（4）用三个一次性纸杯分别放三种颜色的衣服。

使用方法：

（1）可以按照颜色和形状分类挂衣服。

（2）可以进行量的排序。

（3）可以进行数的排序。

（4）可以做数字的运算。

使用功能：适合小班、中班、大班使用，教师可以根据幼儿年龄确定使用功能。

（二）微波炉（图6-2-2）

材料：牛奶盒一个、包装纸、卡纸、水彩笔、胶带。

制作方法：

（1）在牛奶盒的外表面贴上包装纸，做出开

图6-2-1

图6-2-2

关、时间刻度。

（2）把若干张卡纸裁成正方形和长方形，在正方形卡纸上画上各种食物并写上英语单词，在另外几张长方形卡纸上写上表示时间的英语单词。

使用方法：让幼儿选择喜爱的食物，放入微波炉，选择对应的时间卡号进行加热。也可以让幼儿选择食物，搭配一日营养餐。

使用功能：让幼儿了解微波炉的使用方法，在使用中学会英语单词。

（三）五环多变棋（图6-2-3）

材料：彩色卡纸、水彩笔、废旧瓶盖、双面胶。

制作方法：

（1）用卡纸剪出五个不同颜色的圆环，在每个圆环中分别放入用卡纸裁剪的两个三角形和三个正方形。

（2）用卡纸剪出各种图形，并将其分别贴在五个圆环上。

（3）用彩色笔在圆环中的三角形和正方形上画上棋盘线条，做成五个棋盘。

（4）用卡纸剪出不同的数字及字母，将其贴在废旧的瓶盖上，作为棋子。

（5）分别在五张卡纸上画出卡通头像，作为游戏玩家。

（6）用白色卡纸剪出一个大圆作为整盘棋的底板，将五环旗摆放在上面，五张卡通头像分列圆形底板的四周。

使用方法：幼儿选择其中一个颜色的动物作为自己的标志，拿相同颜色的棋子在棋盘上摆放，玩拼音游戏、单词拼读游戏、数字组合游戏。

使用功能：练习拼读、认识图形。

图6-2-3

（四）小猫钓鱼

材料：泡沫板一块或泡沫塑料盒一个、太空泥、水粉颜料、水粉笔、筷子一根、线绳一根、彩色卡纸、打孔器、剪刀、双面胶、回形针一个。

制作方法：

（1）将泡沫拼成盒状，盒底凹凸不平，有小坑（图6-2-4），用水粉颜料将盒底刷成蓝色，内壁画上绿色水草，外壁画上花朵等装饰图案，盒的边缘涂褐色并用黑色勾线，画成城墙的感觉。

（2）用彩色卡纸剪出各种形状的小鱼，并在小鱼的头部用打孔器打一个小孔。

（3）将回形针弯成鱼钩的形状，拴在线绳一

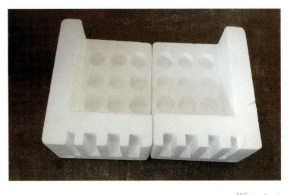

图6-2-4

端，把线绳的另一端拴在筷子上。

（4）用太空泥捏出钓鱼的小猫。

（5）所有道具制作完毕之后，开始组合，将小鱼头朝上放到盒底的小坑内，将小猫放到盒子的边缘并用双面胶固定住，将鱼竿放到小猫的身边，完成（图6-2-5）。

使用方法：幼儿可以通过做游戏的方式钓鱼，如在规定时间内比赛谁钓的鱼多、钓不同形状和颜色的鱼等。

使用功能：锻炼幼儿的手部肌肉，巩固幼儿对颜色和形状的认知。

图6-2-5

（五）我们都是神枪手（图6-2-6）

材料：卡纸、不织布、珍珠棉、针线、水彩笔。

制作方法：

（1）用黄色卡纸裁出若干张小卡片并写上数字，在卡纸上画出五个小孩的头像并剪出，用蓝色和白色卡纸剪两个同心圆。蓝色大，白色小。

（2）把长方形白色卡纸的长分六等分，画出五条黑线，把头像贴在一侧，在卡纸的第一等分处写上1，2，3三个数字。把两个同心圆贴在红色卡纸上，做成靶子。

（3）用不织布缝一个棉球。

使用方法：五个头像代表五个小朋友，白色卡纸顶端的数字表示轮次。小朋友拿棉球掷向靶心，投中白色得3分，投中蓝色得2分，投中红色得1分。

使用功能：通过投掷，训练幼儿的准确性和平衡能力。

图6-2-6

（六）益智正方体（图6-2-7）

材料：泡沫地垫、线绳、"9"字针、胶带、纱网。

制作方法：

（1）将泡沫板杀菌消毒后，切割成六块正方形。

（2）在正方形的每一个面上按水平方向排列的顺序扎上"9"字针，每排四根，一共16根，在反面把每个针头弯成圆形，防止脱落。

（3）把六个正方形围成一个正方体，把有"9"字针的一面露在外面，用纱网做装饰。完成。

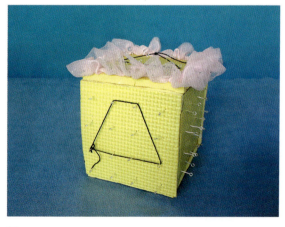

图6-2-7

使用方法：用线在钉上缠绕出各种图形。

使用功能：发挥幼儿的想象力，使幼儿加深对图形的认识，感悟线的奇妙。

（七）迷宫（图6-2-8）

材料：鞋盒盒盖、一次性筷子或吸管、卡纸、包装纸、油画棒、胶。

制作方法：

（1）用包装纸将盒盖包好。

（2）在盒盖里面贴上卡纸，并在卡纸上画好迷宫的路线。

（3）用油画棒在卡纸上画两个小孩，剪下来分别贴在终点和起点处，用卡纸剪出小花贴上。

（4）将一次性筷子或吸管截成小段，并用胶固定在画好的路线图上。完成。

使用方法：幼儿可以用小手指或小木棒，沿着迷宫的路线走。

使用功能：幼儿寻找走出迷宫的不同方法，锻炼思维能力。

图6-2-8

（八）喂小动物（图6-2-9）

材料：太空泥、纸盒、卡纸。

制作方法：

（1）准备三个小盒子，用卡纸剪出动物头部的图案贴在盒子上，把动物的嘴巴剪成各种形状。

（2）用太空泥捏出各种图形。

使用方法：

（1）幼儿可以拿与动物的嘴巴一样的图形投喂动物。

（2）只给幼儿三个盒子，让幼儿自己用太空泥捏出各种形状投喂动物。

图6-2-9

（3）可以做各种动物的盒子，把嘴巴剪成各种形状，让幼儿用太空泥捏出动物爱吃的食物，投喂动物。

使用功能：认识图形；学会使用太空泥塑形；了解动物的生活习性。

（九）蔬果分类（图6-2-10）

材料：卡纸、太空泥、一次性纸盘、水彩笔。

图6-2-10

制作方法：

（1）在卡纸上画出一组蔬菜、一组水果。

（2）把两个空盘子放在图的下面。

使用方法：

让幼儿说出蔬菜和水果的分类，根据图片用太空泥做出蔬果，并能做出图片中没有的蔬果，而且能用做出的蔬果拼成一组作品。

使用功能：对于小班的幼儿，教师可以做好所有的蔬果，让他们学会认识颜色、进行蔬菜和水果的分类；对于中班的幼儿，教师可以让他们做简单的蔬果造型；对于大班的幼儿，教师可以提出拓展性的手工要求。

图6-2-11

图6-2-12

图6-2-13

二、拓展练习

（1）投篮，三人一组做投篮运动，比比谁的进球率高（图6-2-11）。

（2）踢球，把用卡纸做成的小靴子套在食指和中指上踢球，双方比赛看谁先踢进对方球门（图6-2-12）。

（3）数学魔盘，转动魔盘中心的紫色按钮，根据按钮的指向进行数字运算（图6-2-13）。

（4）拼音魔盘，转动魔盘后面的按钮，练习元音的拼读（图6-2-14）。

（5）日历牌，数字是活动的，每个月的日历都可以重新排列出来（图6-2-15）。

（6）加油站，松树是加油站的标识；三个盒子是加油机，上面写着数字，小汽车上写着加减法的题目，只有汽车上的得数和加油机上的得数相等时，才可以进去加油（图6-2-16）。

图6-2-14

图6-2-15

图6-2-16

三、作品欣赏

请欣赏如图6-2-17至图6-2-30所示的作品。

图6-2-17

图6-2-18

图6-2-19

图6-2-20

图6-2-21

图6-2-22

图6-2-23

图6-2-24

图6-2-25

图6-2-26

图6-2-27

图6-2-28

图6-2-29

图6-2-30

拓展训练

1. 用小组合作的形式，自制大型体育玩教具和游戏场景玩教具。

2. 学生自己写教案，根据教案的需要，做出合适的玩教具。

3. 利用废旧物品做区域玩教具。

模块七

幼儿园室内环境装饰设计

学习目标

1. 掌握幼儿园环境创设的基本原则和基本要求。
2. 熟练运用各种技巧，合理使用各种材质，对幼儿园进行美化。
3. 在美化环境的同时，帮助幼儿提高欣赏美的能力，达到环境育人的目的。

幼儿园环境装饰分室内环境装饰和室外环境装饰，室内环境包括门厅、楼道、走廊、教室、洗手间、活动室等。室外环境一般包括建筑外墙、院墙、大门、院内游戏设施。

项目一 认识幼儿园环境装饰设计

一、装饰设计的分类

（一）从区域上分为室外装饰、室内装饰

室外装饰包括楼体外墙、院墙、大门的装饰和活动器材的配置等。室内装饰包括门厅、走廊、教室、卫生间、活动室等地方的装饰。

（二）从空间形态上分为平面装饰和立体装饰

平面装饰包括墙面、门窗、家具的装饰设计。立体装饰包括室内空间吊饰、活动区角设计等。

二、装饰设计的原则

（一）环境装饰要符合幼儿的年龄特点和心理特点，有助于幼儿的身心健康发展

色彩要单纯、明快、轻松，给人以愉悦感，切忌大红大绿或色调暗沉；家具摆设要简单大方，稳重且实用，不要有尖角；幼儿的日常用品要摆放在幼儿容易够得着的地方，符合幼儿的身高特点。空间布置不要过多，主要集中在门口、窗口位置，或者是在空间划分的区域，切忌烦琐和垂挂重物。

（二）环境装饰的重点是要体现教育性

幼儿园环境装饰一定要体现教育性。日常的防火、防电等安全教育可在环境装饰时通过各种形式来体现。礼仪教育、文化教育、体育等也可在幼儿园的环境中得到体现。

如图7-1-1至图7-1-4所示墙饰选用的是大班"消防"主题中幼儿的作品。通过参观消防队，幼儿加强了防火安全意识，认识到火灾的危害性，并用不同的方式表现出来。

图7-1-1

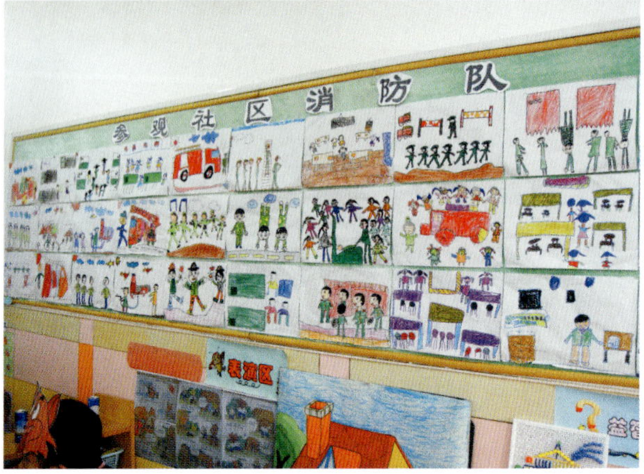

图7-1-2

图7-1-3

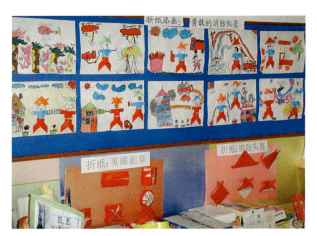

图7-1-4

（三）环境装饰的内容要体现主题性和连贯性

活动室是幼儿活动最多的地方，活动室的装饰内容对幼儿有着潜移默化的影响。教师可以通过主题展示的方式来进行墙壁和区角设计。大的主题可以分解成小主题，每周完成一个小主题，一到两个月完成一个大主题，这样可以使幼儿的认知具有连贯性和系统性，有助于培养幼儿深入研究问题的能力。

1. 海洋主题

这组墙饰体现的是大班的海洋主题。装饰的内容有系列性和连续性，通过不同的视角和话题，使幼儿深入地了解海洋。在区角中也尽量摆设与海洋有关的物品，如贝壳、船的模型、船上的用品等。美工区可以摆放幼儿所做的与海洋相关的美术作品（图7-1-5至图7-1-8）。

图7-1-5

图7-1-6

图7-1-7

图7-1-8

2. 瓶子主题

教师和幼儿通过收集瓶子—认识瓶子—装饰瓶子—画瓶子—做瓶子等，创设教室、走廊、美工区的环境，体现环境的主题性（图7-1-9至图7-1-12）。

图7-1-9

图7-1-10

图7-1-11　　　　　　　　　　　　　　　　　　图7-1-12

（四）环境创设要符合人体工程学的原理，要以幼儿的视角摆放物品（图7-1-13、图7-1-14）

环境创设要以幼儿为主体，根据幼儿的生理、心理发展特点，创设适合幼儿发展的安全、健康、高效能和舒适的室内环境。小班、中班、大班幼儿的身心发展差异非常明显，教师要根据幼儿不同的年龄特点为其提供适宜的发展环境。比如，墙面的布置应根据幼儿视线的不同而有差异，物品应该摆放在幼儿能够得着的地方。

图7-1-13　大班"数字"主题走廊环境　　　　　图7-1-14　走廊作品展示柜

（五）环境创设突出以幼儿为中心的原则，要重视幼儿的参与，突出幼儿的主体地位

幼儿园环境创设要突出幼儿的主体地位，环境创设要有幼儿的参与，要以幼儿的作品为主，让幼儿在环境中有主人翁的感觉。可经常更换墙壁的装饰，定期展览幼儿的作品。教师要引导幼儿参与环境创设，多征求幼儿的意见，并鼓励他们自主创作（图7-1-15至图7-1-18）。

图7-1-15　大班"瓶子"主题走廊墙饰

图7-1-16　大班"看书"主题墙饰

图7-1-17　中班"春天"主题墙饰，美丽的花园

图7-1-18　中班"春天"主题墙饰，美丽的树

（六）环境创设的材料要无毒、无害、有安全保障

安全性原则是幼儿园环境创设的首要原则，安全的环境是促进幼儿发展的必要条件。环境创设的材料、设施、设备应是安全无害的，如废旧物品制作的玩具应对幼儿无害，材料在投放前应做全面的消毒和清洗，保持整洁。

项目二　设计、制作幼儿园墙饰

一、墙壁装饰的方法

墙壁装饰的方法很多，如拼贴画、墙绘、悬挂等，无论采用哪种方法，都要与室内的整体环境相协调。可用的装饰材料也很多，如卡纸、塑料板、皱纹纸、KT板、泡沫板、吹塑板、不织布、墙纸等（图7-2-1至图7-2-3）。

图7-2-1　用泡沫板雕刻出小孩，涂上颜色，用胶固定在墙壁上，用于幼儿园墙壁的装饰

图7-2-2　用木板雕刻出各种水果的形状，用丙烯颜料涂色后固定在木条上，再把木条固定在墙壁上，多根木条的组合形成一组墙饰

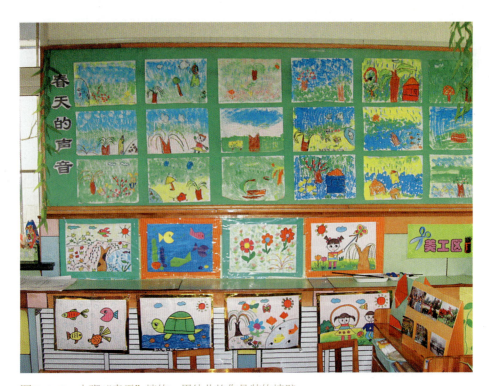

图7-2-3　小班"春天"墙饰，用幼儿的作品装饰墙壁

二、拼贴墙饰的制作步骤

材料：卡纸、泡沫板、珍珠棉、马克笔、白胶、打版纸、泡沫胶。

拼贴墙饰的制作步骤见图7-2-4至图7-2-9。

图7-2-4　把皱纹纸裁成细条，用白胶在打版纸上拼贴树干，增强树干的肌理感　　图7-2-5　完成树干，贴到墙上

图7-2-6　在把树干贴到墙上之前，把远景的树和栅栏先贴上　　图7-2-7　粘贴树叶

图7-2-8　用泡沫胶把事先做好的小羊、花草、小鸟、树叶、白云粘到墙上，完成墙的装饰　　图7-2-9　如果墙面很大，可以把小的装饰画放大后再用于墙面的装饰

三、主题墙饰设计

主题墙饰主要是在幼儿园各班级活动室中，以相关教育内容为主题的各类墙饰。一般来说，主题墙设计应注意以下几点（以"母亲节"主题为例）。

（1）主题鲜明突出，体现教育活动的主要内容。主题一般用文字加图画的形式来表现，文字放在画面的中上部（图7-2-10、图7-2-11）。

图7-2-10

图7-2-11

（2）主题墙饰设计与活动室整体设计风格应相互呼应和协调，应展示与主题相关的内容（图7-2-12、图7-2-13）。

图7-2-12

图7-2-13

（3）凸显板块特色，具有一定的独特性。如图7-2-14所示主题墙饰明确划分为四个区域，孩子的照片区、亲子合影区、写给妈妈的话、做给妈妈的花，四个区域既独立又统一，情感饱满，节日气氛浓郁（图7-2-15、图7-2-16）。

（4）墙饰富于变化，注意版面设计的整体性，避免琐碎和凌乱（图7-2-17、图7-2-18）。

图7-2-14　　　　　　　　图7-2-15　　　　　　　　图7-2-16

图7-2-17　　　　　　　　　　　　　　　图7-2-18

（5）注重与幼儿的互动性，适当留白，不要装饰得太满，给幼儿留出表达的空间（图7-2-19至图7-2-20）。

图7-2-19　　　　　　　　　　　　　　　图7-2-20

（6）要善于利用各种材料，如树叶、树枝、布条、废旧物品进行装饰，使画面更贴近生活（图7-2-21、图7-2-22）。

图7-2-21

图7-2-22

项目三　幼儿园室内区域环境创设

活动区是在幼儿园室内或室外设置的适宜的活动区域，为幼儿提供适宜的活动材料，让幼儿通过自身的活动获得自主的发展。活动区的创设对于幼儿认知、自主性、社会性等方面的发展有不可替代的作用，对教师的专业发展也有重要意义。

一、活动区对幼儿发展的意义

幼儿园区域环境在促进幼儿身心发展方面有非常重要的教育意义，具体表现在几个方面。

（一）促进幼儿自主性的发展

活动区为幼儿提供了更多自主活动的机会。在区域活动中，幼儿能按自己的兴趣和愿望去选择活动内容和方式。

（二）促进幼儿的交往

在区域活动中，幼儿逐渐学会协商处理活动中产生的争议和纠纷，学会如何与同伴相处、如何帮助别人、如何控制自己的情绪，提升交往技能（图7-3-1）。

（三）激发幼儿初步的探究精神

区域活动为幼儿提供了可供他们探索的环境和材料，通过教师的引导，幼儿通过游戏的方式自主操作。这些探索游戏激发了幼儿对周围世界的探索兴趣，培养了他们的探索精神。

（四）为幼儿创造和谐健康的心理环境

在区域活动中，幼儿可以尽情地释放自己，全身心地沉浸于区域活动中，并在活动中获得愉快的体验，有益于幼儿心理健康发展（图7-3-2）。

图7-3-1

图7-3-2

二、活动区规划与布置的原则

教师在进行活动区的规划时，将教室分为若干区域，每个区域指向一定的发展目标，提供对应的活动内容和操作材料。根据活动领域可划分为科学区、数学区、语言区、音乐区、美工区、运动区、生活区等；按活动方式可划分为建构区、阅读区、表演区、美劳区等。

在规划和布置活动区时应把握以下原则。

（1）活动区规划要合理，区域空间大小划分合理，动静分开，避免互相干扰。

（2）活动区之间要有明确划分，可以用架子、柜子或绿植划分出不同区域，隔断物要适合幼儿的身高，不能太高，以免发生倾倒危险。

（3）活动区布置和装饰要突出活动特点，创设活动情境，让幼儿有身临其境之感。

（4）活动区的创设要重视幼儿的参与，鼓励幼儿提出自己的建设意见并提供活动材料，提高幼儿的参与性。

（5）活动区的内容不是一成不变的，可以根据节气、主题教育活动、节日等进行变化。如角色设计的主题，可以设计成娃娃家、小吃店、理发店、医院、超市等。

三、娃娃家设计

娃娃家深受幼儿喜欢。娃娃家通常设置在墙角的位置，两面靠墙适合大家具的摆放，也能最大限度地利用墙壁。作为"家"的概念的延伸，教师也可以利用废旧材料与幼儿进行娃娃家的设计和制作，不仅能提高幼儿的空间想象力和动手能力，还能激发幼儿当家作主的意识，使幼儿积极参与活动，增强幼儿团队协作能力。

（一）工具和材料

常用的工具和材料有：纸箱、纸盒、泡沫、包装纸、报纸、吸管、白胶等。

（二）娃娃家制作的要点

（1）确立娃娃家的设计风格和设计思路，明确幼儿是设计和使用的主体，应从幼儿的视角和兴趣点出发设计（图7-3-3至图7-3-5）。

（2）色彩搭配，家居色彩不宜过于花哨，通常墙壁、家具、窗饰、地板等大面积色彩不超过两种色系，可用花瓶、相框、台灯、水果、鲜花、地垫等小面积的家居饰品调节室内色彩，以免沉闷和单调（图7-3-6至图7-3-8）。

图7-3-3

图7-3-4

图7-3-5

图7-3-6

图7-3-7

图7-3-8

（3）家具设计符合人体工程学，床、桌椅、沙发、衣柜、书橱的大小和高度与墙的高度、房间的大小有适度的比例（图7-3-9、图7-3-10）。

图7-3-9　　　　　　　　　　　　　　　　　　图7-3-10

（4）房间设计不要过于拥挤，家具摆放合理，空间感觉舒适（图7-3-11、图7-3-12）。

图7-3-11　　　　　　　　　　　　　　　　　　图7-3-12

（5）合理使用材料，尽量使用废旧物品和环保材料进行制作，锻炼幼儿创造性思维（图7-3-13、图7-3-14）。

图7-3-13　　　　　　　　　　　　　　　　　　图7-3-14

（6）注重细节处理，装饰物品摆放合理，营造温馨舒适的家庭氛围（图7-3-15至图7-3-20）。

图7-3-15

图7-3-16

图7-3-17

图7-3-18

图7-3-19

图7-3-20

四、活动室节庆区角设计

节日区角设计可以结合主题活动进行，根据节日的特点和庆祝方式进行区域装饰，创设节日情境，在各区域提供供幼儿操作的材料，让幼儿自由想象和创作（图7-3-21）。

图7-3-21　春节区角设计

五、活动区角示例图片

请欣赏活动区角示例图片（图7-3-22至图7-3-28）。

图7-3-22　大班表演区环境　　　　　　　图7-3-23　大班音乐区环境

图7-3-24　大班阅读区环境　　　　图7-3-25　小班"春天"主题美工区环境

图7-3-26　　　　　　　　　　图7-3-27　　　　　　　　　　图7-3-28

拓展训练

1. 小组合作对幼儿园的环境和活动区角进行设计。

2. 要注重平日的积累，多去幼儿园实地考察，并能对幼儿园的环境创设提出自己的观点。

参 考 文 献

[1] 边霞.幼儿园美术教育与活动设计 [M].2版.北京：高等教育出版社，2016.

[2] 孙华庚.手工实用教程 [M].3版.北京：北京师范大学出版社，2021.

[3] 李彦，董娟.美术基础与手工 [M].北京：高等教育出版社，2023.

[4] 李建峰.中国剪纸 [M].武汉：长江少年儿童出版社，2022.

[5] 朱书华.构成设计基础 [M].2版.北京：中国轻工业出版社，2020.

[6] 向亮晶.剪纸入门 [M].3版.长沙：湖南科学技术出版社，2017.

[7] 王光敏.刻纸剪画：中华剪纸文化大观 [M].郑州：中原农民出版社，2015.

[8] 梁春兰，陈君.民间剪纸技法教程 [M].北京：中国文联出版社，2009.

[9] 周冰，许棣.立体构成 [M].西安：西安交通大学出版社，2011.

[10] 左汉中，樊晓梅.剪纸技法 [M].长沙：湖南美术出版社，2006.

读者意见反馈

为收集对教材的意见建议,进一步完善教材编写并做好服务工作,读者可将对本教材的意见建议通过如下渠道反馈至我社。

咨询电话　　400-810-0598

反馈邮箱　　gjdzfwb@pub.hep.cn

通信地址　　北京市朝阳区惠新东街 4 号富盛大厦 1 座

　　　　　　高等教育出版社总编辑办公室

邮政编码　　100029